Francesc Trillas

Pan y fútbol

El deporte rey, espejo de la economía global

Alternativas económicas

Primera edición: mayo de 2018

Editado por Alternativas Económicas, SCCL
C/ Mallorca, 1, 2º-5ª
08014 Barcelona

Maquetación : Andrea Bosch

ISBN: 978-84-09-02230-4
Depósito legal: B 14386-2018
Impresión: Ulzama Digital

Agradecimientos

Agradezco a varias generaciones de estudiantes del programa *Study Abroad* de la UAB, y más recientemente del Máster de Gestión Deportiva del Cruyff Institute y la UAB, haberme ayudado a pensar en los contenidos de este libro. Agradezco también a los administradores y colegas de estos programas su *input* y su estímulo. Doy las gracias a Ignacio Palacios-Huerta por sus trabajos y la conversación que tuvimos en Bellaterra, y a mis colegas de la UAB, por sus ideas y conversaciones. Entre los últimos estoy especialmente agradecido a Oriol Roca, con quien sigo discrepando sobre Ronaldinho y Van Gaal, pero sin el cual no habría enseñado nunca la asignatura del programa *Study Abroad* de la UAB que me abrió las puertas al blanqueo por la vía académica de mi adicción al fútbol. Estoy agradecido también a Carlos Arribas por una útil conversación telefónica y por muchas crónicas y entrevistas interesantes. A Joan Parera por una pequeña pista desde la perspectiva periquita. A Beatriz Silva por liberarme de ir al concierto de Queen para que viera la final de Copa de 2016 y por haber tolerado tanto tiempo mi afición desmesurada al fútbol. Finalmente, a mi admirado y respetado Andoni Zubizarreta, uno de los futboleros globalizados que piensa, escribe y habla sin estridencias, por haber aportado el prólogo. Le dedico el libro a mi tía Carmen que me llevó por primera vez al campo del Barça cuando tenía 6 años (1972, Barça 1-Sevilla 0, gol de Rexach), y a mi hija Beatriz, sobre cuya poca afición al fútbol deberían preocuparse quienes viven de él. Pere Rusiñol y Andreu Missé han hecho posible este libro, y Enrique González ha ayudado mucho en su difusión. Solo yo soy responsable de sus limitaciones. A quienes han hecho posible la edición mediante el micromecenazgo, muchas gracias de corazón.

Índice

Prólogo

La cosa empieza porque un amigo te pregunta si escribirías un prólogo para un libro que otro amigo está a punto de finalizar. Como ese amigo es tu amigo, no se te ocurre preguntar sobre qué va el asunto y solo recibes un "creo que sobre economía y fútbol".

Y te pica la curiosidad y dices que tal vez sea un reto intelectual, una forma de aprender, una llamada al descubrimiento.

Y dices que vale, que adelante, que por qué no, que estás en Marsella y tienes tiempo para pensar y escribir. Y que puede ser interesante.

Y te metes en la aventura.

Pero este tipo de aventuras conllevan que un día alguien te llama y de pregunta: "Cómo lo llevas?". Y tú, entre jugadores, partidos, clasificaciones y demás, intentas recordar qué era eso que tenías que llevar... Ah, sí... ¡el prólogo!

Y aquí me ven, delante del *penalti* más difícil de mi vida.

Y espero no defraudarles... Sobre todo al autor, que hasta recibir estas líneas me tenía un cierto aprecio y respeto.

Mira, Francesc, yo también he hablado con Nacho Palacios-Huerta y estamos de acuerdo en que el fútbol es un proceso estocástico y que es difícil de parametrizar y que toda aproximación alejada del fervor y de la pasión puede ayudarnos a racionalizar todo ese mundo de sensaciones, instintos, conclusiones preestablecidas, todo ese "fútbol es fútbol" o "el fútbol es así" que no permite avanzar a este deporte.

Además, me gusta mucho ese encabezamiento sobre que el fútbol es un espejo de nuestra sociedad, aunque yo siempre lo he referido al ámbito social, del comportamiento, de las formas de hacer, de las formas de ver y conocer al ser humano. Ya sabes aquello de Aristóteles de que en el juego se ve al hombre.

Sin embargo, no lo había pensado desde la vertiente económica y del comportamiento financiero de nuestras empresas deportivas.

Y eso me ha llevado a cierto punto de frustración y de duda, que quiero compartir contigo en estas líneas.

Veamos: ya sé que Apesteguia y Palacios-Huerta han demostrado que el ganador de las series de penaltis es en el 60% de los casos quien lanza en primer lugar. Vale. Estadística pura y miles de tandas de penaltis estudiadas y analizadas.

Pero... yo... vamos... La selección española en la que yo jugaba perdió en el Mundial de México 86 tirando los primeros y perdimos en la Eurocopa de Inglaterra 96 tirando los segundos... 100% de pérdida. Ya me habría gustado a mí un 60/40.

Ya sé a qué lúcida conclusión acaban de llegar aquellos que me han aguantado hasta ahora: " Ya... pero Zubi era el portero..."

Pero ni Apesteguia ni Palacios-Huerta hablan de elementos conceptuales. Hablan de elementos concretos y mesurables.

A ver si, al final, no va a ser que mi habilidad para los penaltis era cuando menos limitada... ¡sino que mi capitán siempre elegía tirar en segundo lugar!

Este asunto de los penaltis se me complica un poco más cuando hago memoria y vuelvo a México 86. Una calurosa tarde de junio en el Estadio Jalisco de Guadalajara jugaban Brasil y Francia para el pase a semifinales. Partido decidido en la tarda de penaltis. Ganado por Francia, que lanzaba en segundo lugar. Y en el que fallaron sus tiros Zico, la estrella de Brasil, que vio como Bats le paraba uno decisivo en el tiempo de partido que habría sido el 2-1, y Platini, héroe de Francia, que fallaba el quinto y definitivo y que no permitía a Carlos, portero de Brasil, vivir la gloria de esa parada al enviar el balón un palmo por encima del larguero.

Dos *cracks*. Dos tipos por quienes habríamos apostado hasta el último euro porque iban a ser decisivos y definitivos.

Y fallaron... O acertaron los porteros... O todo a la vez.

Todo un mar de dudas existenciales en torno a un disparo desde 11 metros de distancia.

Por cambiar de asunto y mirarlo desde otro lugar, a este mundo del fútbol, les diré que voy viendo cómo hay una corriente que intenta parametrizar, medir, mesurar, concretar el fútbol con la idea de que, si es un comportamiento humano, este debe atender a leyes y criterios medibles y concretos. Y si me voy a la descripción de la economía como "el estudio de cómo las personas interactúan entre ellas y con el entorno natural para obtener medios de vida y cómo esto cambia a lo largo del tiempo", me encuentro con una definición que podría ser propia del mismo fútbol: personas que interactúan, medio natural, medios de vida y cambios en el tiempo.

Eso es el fútbol. Exactamente.

Pero creo que a Francesc le interesa más que lo que pasa sobre el césped aquello que se produce porque hay algo que se da en el césped.

Y sí: he de confirmar que en nuestro deporte y todo su entorno cada vez más grande, cada vez más grueso, está representada la especie humana. Con sus virtudes y defectos, con sus formas de hacer y sus arquetipos, con sus creencias y supersticiones, con sus dudas y sus escasas certidumbres. Globales y locales. Donde hay una pasión, aún no sustituida, de vivir un partido en directo con la experiencia de compartir tensiones con extraños delante de una pantalla de televisor y que 90 minutos más tarde son nuevos amigos con quienes tejer nuevas complicidades y sentir un extraño tirón en las tripas al ver a tu equipo a 10.000 kilómetros de distancia.

Y donde todo lo peor del ser humano puede ser confirmado.

No en vano es un deporte hecho por personas para las personas. Hecho por simples seres humanos surgidos de la misma sociedad en la que crecen los economistas, solo que expuestos, vistos y analizados como si fueran ciberrobots carentes de emociones.

El fútbol como laboratorio del mundo y sus comportamientos. Esto sí que es un penalti para parar... y para aprender de él.

Me concentro para detenerlo.

Andoni Zubizarreta, abril de 2018

Introducción

Cuando alguien cree ya saberlo todo de este deporte, no tarda en descubrir, si lo piensa bien, que aún no ha empezado a saber nada. Porque el fútbol, que no puede estar más atado a nuestra monótona cotidianidad, es, sin embargo, lo contrario del tedio diario, ya que está al mismo tiempo ligado, como un bailarín al borde del abismo, a la posibilidad de cualquier inmenso cambio en el último minuto.
Enrique Vila-Matas, *El País, 12-9-2014*

Este libro pretende en buena parte divulgar una serie de estudios (en el terreno de las ciencias sociales) prácticamente desconocidos por el gran público, y a veces incluso por los propios interesados (como Simeone o Schweinsteiger). Se trata del análisis de los incentivos, la racionalidad y las instituciones del fútbol utilizando las herramientas del análisis económico y político-económico más moderno junto con otras técnicas y disciplinas relacionadas, como la psicología social. Estos conocimientos de las ciencias sociales aplicadas nos permiten relacionar lo que ocurre dentro del terreno de juego con lo que ocurre fuera, en la organización y las instituciones del fútbol, y sugieren reformas que mantengan lo positivo del fútbol y erradiquen lo negativo. Podemos establecer vínculos entre el comportamiento de los jugadores en el campo y el comportamiento de los directivos de la FIFA. El éxito mundial del paquete fútbol/televisión, garantizado por la excitación que produce disfrutar masivamente de lo que hacen los mejores jugadores y equipos, permite a los dirigentes de la FIFA y sus federaciones afiliadas amasar un enorme poder, aunque por supuesto no son los únicos que se han beneficiado del fenómeno. A la vez, el carácter monopolístico de la FIFA ha hecho posible (junto con otros factores) el crecimiento del fútbol y el enriquecimiento de sus principales superestrellas.

Hoy el fútbol, como pocos fenómenos, permite ilustrar y entender mejor mecanismos socioeconómicos y políticos como la globalización, la corrupción y el populismo. Si logramos entender mejor el fútbol moderno, quizás nos acercaremos a entender mejor el mundo de hoy. La locución de "pan y circo" ha llegado hasta nuestros días desde la época romana como un intento de los gobiernos de proveer a las masas de alimento básico y entretenimiento para distraerles de los problemas, corrupciones e injusticias de la sociedad. Cabría una segunda interpretación, que es la de hacer compatible el progreso material de la sociedad (el pan) con el desarrollo de espectáculos (el circo, el fútbol) que den satisfacción a sectores importantes de la misma. Esta compatibilidad no siempre está garantizada, porque una cierta cara oscura del fútbol (la violencia, la corrupción, el tribalismo) sin duda atenta contra los intereses generales de progreso social. Pero este libro desea hacer una llamada optimista a introducir reformas que hagan compatible el progreso y el fútbol. Cabría todavía una tercera interpretación que justificaría el título de este libro, al presentarse en él una serie de cuestiones que están en la intersección entre el fútbol y la economía, entendida esta en un sentido muy amplio. El innovador paquete pedagógico *on-line* CORE con el que se enseña economía introductoria en varias universidades del mundo (lo hemos empezado a introducir en la UAB también) señala que la definición tradicional de economía atribuida a Lionel Robbins de la ciencia que estudia el comportamiento humano como una relación entre unos fines dados y unos medios escasos que tienen usos alternativos es insuficiente y está desfasada. Es más apropiada, y acorde con los avances de las últimas décadas, la definición de economía como el estudio de cómo las personas interactúan entre ellas y con el entorno natural para obtener medios de vida y cómo esto cambia a lo largo del tiempo.

Llevo unos años dando a conocer estos estudios de la economía (enfatizando su componente de interacción social) del fútbol a mis estudiantes de grado (mayoritariamente procedentes de Estados Unidos) del programa *Study Abroad* de la UAB, y más recientemente a los estudiantes de maestría, procedentes de varios rincones del mundo, del título oficial conjunto de Gestión Deportiva de la UAB y el Cruyff Institute. Los lectores de las revistas especializadas y de algunos libros también especializados escritos mayoritariamente en inglés ya conocen algunos de los secretos. Pero algunos de los que debieran estar más interesados se mantienen en la ignorancia, quizás porque su enorme popularidad les protege de rendir cuentas por sus errores cuando estos son desconocidos por el gran público. Y quizá también porque cierto desprestigio de las ciencias sociales, y de la economía en particular, no totalmente inmerecido, haga difícil vencer el escepticismo hacia los académicos de algunos experimentados hombres de acción. Por ejemplo, un hecho empíricamente incontestable es que el equipo que lanza primero en una tanda de penaltis gana la serie en un 60% de los casos, si nos basamos en datos de cientos de tandas de penaltis en todo tipo de competiciones recogidos por los economistas Apesteguia y Palacios-Huerta. Pues bien, aunque esto se sabe desde hace 8 o 10 años[1], el At. Madrid decidió tirar segundo a pesar de ganar el sorteo de la moneda, en la final de Liga de Campeones de 2016 contra el R. Madrid (perdió la final tras haber jugado mejor), y Alemania hizo lo mismo en los cuartos de final de la Eurocopa del mismo año contra Italia (aunque Alemania ganó, se necesitaron 18 penaltis para decidir el semifinalista)[2]. El conocimiento científico puede valer un campeonato.

Varios trabajos de fin de máster o de grado, trabajos de curso de alumnos de *Study Abroad*, y cientos de conversaciones en clase o fuera de ella me han permitido aprender de mi alumnado y de mis colegas, no menos adictos que yo al deporte rey.

El fútbol profesional ha sido uno de los grandes éxitos de la globalización. Se ha expandido en cantidad, profundidad y en calidad. El fútbol crea roles que imitar. Le dedicamos mucho tiempo y algo de dinero. Entre todos, le dedicamos mucho dinero (o le dedican quienes saben que le prestamos atención), y aún tiene margen de crecimiento, geográfico, expandiéndose en grandes potencias emergentes, e intensivo. Porque, no lo neguemos, muchos estamos dispuestos a pagar más por el fútbol de lo que pagamos efectivamente; o incuso a dedicarle más tiempo, que puede ser explotado por la publicidad.

1. El artículo final de estos economistas sobre este tema fue publicado en la *American Economic Review* en 2010, pero el documento de trabajo en que estaba basado circuló desde 2008 entre la comunidad científica

2. Si en lugar del capitán alemán, Bastian Schweinsteiger, hubiera sido el capitán italiano, Gianluigi Buffon, el vencedor del sorteo, probablemente habría decidido que su equipo lanzara primero, ya que recordaría que en la Eurocopa de 2008 cometió el mismo error que su homólogo alemán en 2016, y España ganó en la tanda de penaltis y pasó la eliminatoria de cuartos (lo que abrió la puerta a la selección española a ganar la Eurocopa e iniciar sus años triunfales en el fútbol mundial).

Nos gustan del fútbol sus desenlaces emocionantes, sus resultados estrechos, su diversidad, la permanente innovación en cada partido y en cada jugada, la fluidez del juego, la creación constante de suspense e información en un calendario estructurado y organizado, con muy pocas lagunas: aunque no siempre es divertidísimo, todo esto genera adicción, que otros fenómenos sociales han dejado de generar.

Pero existe una cara oscura del fútbol y algunas tendencias inquietantes: violencia, corrupción, fraude fiscal, racismo. Esta cara oscura del fútbol, junto con su inevitable politización, siempre ha existido, pero ahora ha adquirido características especiales. El rol de las grandes fortunas mundiales y de las oligarquías de países emergentes no democráticos (que intentan lavar con el fútbol su mala reputación ética), combinados con el auge de movimientos populistas e identitarios, aparece combinándose en formas preocupantes con el uso oportunista de la popularidad del fútbol.

El crecimiento del fútbol, igual que el crecimiento económico en general, no es incompatible con la corrupción. Tampoco fue incompatible con la corrupción a gran escala el crecimiento de las ciudades de Estados Unidos a finales del siglo XIX. Pero a largo plazo Estados Unidos se dio cuenta de que la corrupción erosionaba su potencial y en la Era Progresista introdujeron reformas que redujeron drásticamente el clientelismo, la compra de votos y otras prácticas corruptas. Este libro pretende explorar las bases del enorme éxito del fútbol, sin perder de vista su cara oscura, para analizar posibilidades de reforma que nos permitan seguir disfrutando de nuestro espectáculo favorito sin avergonzarnos por el comportamiento de algunos de sus protagonistas.

El autor de este libro es un aficionado al fútbol muy privilegiado[3]. A mi equipo, el FC Barcelona (el Barça), la globalización le pilló bien preparado. Además, he conseguido hacer de mi pasión parte de mi profesión, hablando de fútbol en mis clases (sobre fútbol y economía) sin remordimientos de conciencia. Disfruto de una cantidad y calidad de fútbol en televisión (y ocasionalmente yendo al estadio,

3. Debemos reconocer que la globalización del fútbol ha dejado muchos descontentos: numerosos aficionados de los equipos más modestos; los que detestan que sus familiares no sepan hacer otra cosa en casa que ver fútbol, quienes no pueden tener acceso a la televisión de pago o quienes ahora desearían, y ya no pueden, ir al estadio por el encarecimiento de las entradas están entre ellos.

aunque ya no soy socio como cuando era pequeño o adolescente) imposible de imaginar cuando era niño, cuando veía un partido del Barça en blanco y negro muy de vez en cuando y tenía que estar en el estadio de pie, en las gradas de "general", sin disfrutar de prepartido ni pospartido. Tengo al instante toda la información (o rumorología) sobre mi equipo y otros temas de interés futbolístico por Internet en mi ordenador o mi teléfono móvil, esos artilugios inexistentes en mi infancia. De hecho, disfruto más de todo esto porque mi equipo probablemente ha sido uno de los mejores desde la aceleración de la globalización futbolística de mediados de la década de 1990, aunque no es ajeno a algunas de las tendencias inquietantes. La liberalización del mercado de fichajes, las nuevas tecnologías televisivas y el nuevo formato de la Champions League llegaron a un Barça que tenía a Johan Cruyff como entrenador. El genio holandés contribuyó a reforzar algunas tendencias que ya estaban sembradas en un club desde sus orígenes abierto al talento internacional: el gusto por el fútbol técnico y de ataque, la innovadora influencia holandesa que llegó inicialmente de la mano de Rinus Michels en 1972, el trabajo con la cantera... Pero quien diga que las grandes fortunas de países emergentes no democráticos, o que el fraude fiscal e incluso sospechas de prácticas fronterizas con la corrupción[4] no salpican o han salpicado al Barça (igual que a muchos otros clubs), es que no lee los periódicos (u otros medios) o se salta algunas páginas. En este libro, y especialmente en su capítulo final, voy a intentar explicar por qué los aficionados, los dirigentes y los profesionales del sector (incluyendo a los periodistas), y la ciudadanía en general, deberían preocuparse no solo por contribuir al crecimiento del mercado del fútbol, sino también por la reforma del fútbol y por la erradicación de sus tendencias más inquietantes.

Aparte de su interés intrínseco como sector económico y como fenómeno social, el fútbol puede analizarse como laboratorio de algunos fenómenos modernos en general: la igualdad de resultados u oportunidades y la relación entre la democracia y la creciente concentración de la riqueza. El fútbol ilustra el binomio democracia-po-

4. Los tratos de un presidente con la oligarquía de Uzbekistán y de otro con personas supuestamente implicadas en casos de corrupción en Brasil y en Catar no son especialmente tranquilizadores.

pulismo y su relación con la eficiencia y la corrupción, o los dilemas entre proteccionismo y globalización, entre Europa y el Estado-nación. El deporte rey aporta información sobre las políticas de apoyo a los campeones nacionales, nos ayuda a entender cómo se combinan incentivos extrínsecos e intrínsecos, o cuál es el grado de racionalidad en la toma de decisiones en distintos contextos, así como el rol del liderazgo en la evolución de sistemas complejos, el rol de la diversidad en la complejidad, el papel de las instituciones en la economía, el fenómeno *too big to fail* o demasiado grande para fracasar (o mejor en este caso, el *too important to fail* o demasiado importante para fracasar), la existencia de los llamados "mercados repugnantes", la política de defensa de la competencia, la competencia fiscal y las ayudas de Estado. Estos son algunos de los grandes temas de la economía moderna que se pueden ilustrar con el fútbol globalizado.

La corrupción en el fútbol es una de las tendencias inquietantes del deporte moderno y globalizado. Ejemplos de casos de corrupción relativamente recientes incluyen un partido de infantiles que implicaba al equipo de fútbol del Cornellà que fue ampliamente divulgado en el diario *El País*, o un partido de segunda B con el Barça B en el que el equipo rival se dejó ganar por un resultado escandaloso probablemente bajo el soborno de los negocios de apuestas. Como se explica en la historia de la corrupción del fútbol en Italia en el último capítulo del libro de Tito Boeri *Parlero solo di Calcio*, la implicación de jugadores en sobornos por apuestas se da especialmente en las categorías modestas, en las que las ganancias regulares no son muy elevadas. El soborno, el dopaje y otras prácticas tramposas ya existían, por lo demás, en las Olimpiadas de la Grecia clásica[5]. Tres definiciones de corrupción habituales son las siguientes: "influencia indebida"; "abuso o mal uso de poder para propósitos interesados", y "cambio desde funcional o bueno a disfuncional o malo". Una taxonomía no exhaustiva de corrupción en el fútbol consistente con estas definiciones sería la siguiente: tongo para coludirse dos equipos en el resultado de un partido; soborno de árbitros o jugadores (por el equipo rival o por apostantes o por terceros, o a árbitros por directivos para evitar descensos o conseguir ascensos); comisiones y favores por contratos (de TV, organización de partidos, patrocinio

5. Assländer, M.S.; Hudson, S. (2017). *The Handbook of Business and Corruption*, Emerald.

y demás), y comisiones por fichajes (para entrenadores o directivos, entre otros), entre otras prácticas.

Es necesario entender algunas características peculiares de la economía del deporte, y del fútbol en particular, para darse cuenta de su complejidad, antes de hacer propuestas de reforma. Por ejemplo, es necesario entender que se necesitan los rivales entre sí, es decir, se necesitan varias empresas que compiten entre ellas para obtener un producto (el partido o el campeonato), a diferencia de lo que ocurre en otros sectores; o que los consumidores son a la vez productores, es decir, participan activamente, o que es difícil separar objetivos de consumo (como disfrutar por ganar) y de empresa para los propietarios... Esto hace que la industria del fútbol no sea un sector convencional y que algunas intuiciones fallen si queremos seguir disfrutando del fútbol y, a la vez, reformar su lado oscuro. Por ejemplo, un cambio jurídico en las formas de propiedad para que las empresas del fútbol se parezcan más a las de otros sectores económicos competitivos en los que los inversores maximizan beneficios no conseguirá los objetivos de mejorar la gestión porque es muy difícil maximizar beneficios en el fútbol, que además tiene una estructura de competencia por lo menos peculiar.

Los contenidos específicos que se presentan en los capítulos de este libro pretenden aportar luz a estas cuestiones y a otras relacionadas. En el capítulo primero, después de esta introducción, se analizan los aspectos básicos del mercado globalizado del fútbol, en sus vertientes de demanda y oferta. En el segundo, se analizan con más detalle las instituciones del fútbol moderno, en especial clubs, ligas y federaciones. En el tercero, se abordan algunos aspectos de lo que ocurre sobre el terreno de juego, en concreto cómo funciona la motivación de los profesionales (jugadores, entrenadores y árbitros), sus incentivos y su racionalidad y qué lecciones se pueden extraer para las interacciones humanas en general. En el capítulo cuarto se analiza cómo las fuerzas evolutivas diseñan el fútbol del presente y el futuro. Finalmente, en el último capítulo se reflexiona sobre qué se puede hacer para reformar la cara más desagradable del fútbol moderno.

Uno de los aspectos de la cara oscura del fútbol es su machismo. Hasta ahora ha sido un entretenimiento mayoritariamente de hombres para hombres. Por suerte, esto está cambiando, y lo hará más en los próximos años. El fútbol femenino se está desarrollando y está ocupando ya espacios importantes. En Estados Unidos, el fútbol femenino ha tenido más éxito sobre el terreno que el fútbol masculino. En mis aulas tengo alumnas norteamericanas tan metidas en el fútbol o más que algunos de sus compañeros. En este libro analizaremos sobre todo el fútbol masculino, sobre el que existe mucha más evidencia acumulada (de lo bueno y de lo malo). La parte positiva de este sesgo quizás inevitable es que el fútbol femenino no tiene ninguna culpa de la parte oscura del fútbol. Por el contrario, ofrece la esperanza de contribuir a la regeneración del deporte rey en general.

Capítulo 1
El deporte más global y unificado

Quality without results is pointless. Results without quality is boring.[6]
Johan Cruyff[7]

1.1. Introducción

La final del Mundial de fútbol de Brasil en 2014 tuvo una audiencia televisiva de más de mil millones de personas. Cada fin de semana cientos de millones de personas se ponen delante de un televisor para ver partidos de las ligas de sus países o de países remotos de los que conocen poco, excepto los más increíbles detalles de la actualidad futbolística. No es raro para quienes vivimos en países desarrollados y pacíficos ver escenas de países en guerra con jóvenes ataviados con la camiseta de alguno de nuestros equipos de fútbol. El deporte rey se ha convertido en un gran fenómeno global. No solo el producto final y más en general la experiencia del fútbol son disfrutados por aficionados de todo el mundo, sino que también los factores de producción cada vez más provienen de todas partes. El mercado del producto del fútbol está, pues, muy integrado (es cierto que las ligas nacionales siguen pesando mucho, pero algunas de ellas tienen audiencias globales) y los mercados de futbolistas y capital también. Primero fueron los jugadores quienes procedían de países extranjeros, de forma casi ilimitada desde finales del siglo XX. A mediados de la década de 1990 se liberalizó e internacionalizó el mercado de futbolistas a raíz de la *sentencia Bosman*, tras una decisión del Tribu-

6. La calidad sin resultados no tiene sentido. Los resultados sin calidad son aburridos.
7. https://www.pastemagazine.com/articles/2015/02/25-johan-cruyff-quotes.html

nal Europeo de Justicia. Pero después también la propiedad de los equipos se globalizó y hoy perfectamente un club español, italiano, inglés o francés puede ser de un grupo chino, árabe, de un inversor norteamericano o un grupo de ellos. Si los propietarios o ejecutivos de clubs eran originalmente personalidades del mundo local, o en todo caso personalidades extranjeras que echaban raíces en una ciudad (especialmente los fundadores), hoy los dueños pueden también ser magnates extranjeros, oligarquías que viven en países remotos o accionistas que tienen su cuartel general en otro continente.

Ello convive con elementos fuertemente locales y nacionales, como los clubs, las ligas y las selecciones. Las raíces locales y comunitarias se ponen de manifiesto en la fidelidad de los aficionados a los colores de un club: pese a que la pasión por unos colores puede dispersarse mucho a través del mundo, lo cierto es que la distribución no es uniforme, sino que se concentra mucho alrededor del territorio original del club, hasta el punto de que las aficiones de algunos equipos son una parte muy importante de la sociedad organizada de algunas comunidades. Los grandes clubs pueden contar con una gran masa de hinchas fieles dispuestos a ir muy lejos (en un sentido físico y figurado, para bien y para mal) por defender sus colores. Es lo que Kuper y Szymanski, en el famoso libro *Soccernomics,* llamaron hinchas monógamos, ya que cambian antes de oficio, de pareja, de religión incluso, que de equipo de fútbol. El ejemplo arquetípico es el del protagonista de la novela (llevada al cine) del escritor británico Nick Hornby, *Fever Pitch.* El personaje es un fan del Arsenal londinense que planifica su semana en función de los horarios de los partidos, que piensa en la siguiente alineación mientras alguien le habla de otra cosa y que va al estadio siempre que puede con independencia de las perspectivas futbolísticas y las condiciones meteorológicas.

El apego a unos colores responde a uno de los instintos más arraigados en el ser humano, el tribalismo, desarrollado evolutivamente desde los tiempos en que nuestros ancestros eran cazadores y recolectores. Este instinto hace que el ser humano sea naturalmente solidario con los que forman parte de su grupo más inmediato, pero pueda desarrollar actitudes hostiles y agresivas contra grupos con los que compite. Los psicólogos sociales han puesto de manifiesto que la formación de grupos puede partir de asignaciones aparentemente irrelevantes, incluso de tipo aleatorio, pero que inmediatamente dan lugar a una distinción entre "nosotros" y "ellos" y a la emisión de juicios sesgados parecidos a los comentarios antagónicos que a veces se pueden leer o escuchar en medios que pretenden analizar un mismo partido de fútbol o una misma jugada.

Al lado del hincha monógamo hay una cantidad creciente de hinchas polígamos, que no tienen un club de sus amores para siempre, sino que aprecian el buen fútbol y siguen las ligas de otros países independientemente del equipo, o cambian de equipo favorito en función de la calidad de los jugadores y del estilo de juego. Probablemente, miles de los aficionados que siguen desde Asia o Norteamérica los destinos de las ligas europeas, como la inglesa y la española, son hinchas polígamos. Algunos aficionados combinan pulsiones monógamas y polígamas, con un club local como referencia y una tendencia imparable a seguir las evoluciones de los grandes clubs y ligas del mundo.

Si hablamos de fútbol globalizado, lo que entendemos exactamente por globalización es una cuestión importante. Y es una cuestión a la que se ha dado muchas respuestas. Los expertos parecen converger en la idea de la ampliación de los intercambios más allá de los límites del Estado-nación, con un aumento de los intercambios comerciales tanto de productos finales como de factores productivos, así como el desarrollo de grandes organizaciones multinacionales con creciente poder. Una versión de la definición de P. Ghemawat, uno de los principales expertos, sería: "Transformación en la organización espacial de las interacciones generando flujos y redes transcontinentales o interregionales"[8]. Este experto apunta que en función de esta definición no puede decirse que la globalización sea una realidad absoluta ni que haya sido siempre un proceso en una sola dirección, resaltando la idea de semiglobalización y la importancia todavía de la distancia, ya sea en sus dimensiones geográficas, culturales, económicas o administrativas. Dependiendo del peso de estas dimensiones en las características de distintas industrias y fenómenos, podemos esperar que algunas actividades estén más globalizadas que otras. En este sentido, la tecnología y el hecho de que existan unas reglas es-

8. Ghemawat, P. (2017), *The Laws of Globalization and Business Applications*, Cambridge University Press.

tandarizadas que hacen prácticamente innecesario un idioma común hacen del fútbol una actividad muy proclive a la globalización.

El principal límite a la globalización del fútbol es el coste de trasladarse a jugar un partido en otro rincón del mundo. Por eso no puede haber una liga mundial, o por eso un equipo de Los Ángeles (California) no puede jugar en la Premier League. Sin embargo, sí son factibles torneos de corta duración, o torneos en formato liga por continentes. La Champions League y la Copa Libertadores son ejemplos en este sentido a medio camino entre el formato liga y el formato de eliminatorias.

Por otro lado, algunos de los componentes de la globalización tienen a la vez un fuerte carácter local o nacional. Por ejemplo, el Mundial de Fútbol de Selecciones es un fenómeno global, pero basado en banderas e himnos nacionales y rivalidades fuertemente sentidas entre países. La relación dialéctica entre lo global y lo local (de modo parecido a la tensión entre lo individual y lo colectivo) encuentran en el fútbol un terreno de máxima expresión. Una paradoja de las tecnologías que facilitan la globalización, muy especialmente Internet y las redes sociales, es que estas mismas facilitan a la vez una gran profundización en lo local, por lo que un aficionado puede ahondar en los más minuciosos detalles de lo que ocurre en su equipo preferido (anuncios de todo tipo, rumores, polémicas, prepartido, pospartido), esté donde esté, e incluso lo que le ocurre a su futbolista de referencia o las declaraciones que haga por irrelevantes que sean. En este sentido, Manfred B. Steger, autor de *Globalization. A very short introduction*, ofrece otra definición complementaria de la anterior: "Globalización se refiere a la expansión e intensificación de relaciones sociales y de concienciación a través de dimensiones mundiales de carácter espacial y temporal". Este experto ilustra precisamente el concepto de globalización con el Mundial de Fútbol de Sudáfrica de 2010, en el que participaron equipos y aficionados de todo el mundo, y con la trayectoria e influencia multinacional de dos de los personajes asociados al evento, como son el futbolista uruguayo Diego Forlán, nombrado el mejor jugador del torneo, y la cantante colombiana Shakira, intérprete de la canción de ritmos africanos que contribuyó a popularizar el acontecimiento en todo el mundo. Finalmente, otro ejemplo de la relación entre fútbol y globalización está en el mismo título del libro de Franklin Foer *How soccer explains the world: an unlikely theory of globalization* (Cómo el fútbol explica el mundo: una teoría improbable de la globalización), en el cual se abordan desde el prisma futbolístico cuestiones de alcance global como la cuestión judía, el emerger de las nuevas oligarquías, el futuro del Islam y las guerras culturales de Estados Unidos. Efectivamente, en el último capítulo del libro, escrito en 2004, Foer describe como los movimientos anticosmopolitas, que eclosionaron políticamente con Trump tras la presidencia de Obama en Estados Unidos, ensayaron previamente sus argumentos contra lo extranjero en un movimiento *anti-soccer* que iba dirigido contra las familias de esnobs y *yuppies* que promovían el fútbol de origen europeo.

Aunque el fútbol desde que se codificó en el siglo XIX en el Reino Unido siempre tuvo una vocación internacional, ha sido en las últimas décadas cuando su globalización se ha acentuado. Como para el proceso general de globalización, ello suscita las cuestiones de cuál es el balance por lo menos provisional de la integración mundial del fútbol y si esta es imparable o reversible. Esta integración, como iremos viendo, ha ido acompañada de una capacidad cada vez mayor para satisfacer los deseos de por lo menos una gran parte de los aficionados, los consumidores de esta industria, que además tienen un rol protagonista del que carecen en otras. Pero también la globalización ha ido asociada a fenómenos inquietantes. El balance final dependerá de la capacidad de la sociedad para reformar estos aspectos. Respecto a si sería factible o es previsible hacer marcha atrás y volver a un fútbol más local, ello dependería quizás de que desarrollos políticos frenaran la actual dinámica general de globalización, pero las fuerzas tecnológicas que la facilitan en las comunicaciones y la información parecen difícilmente reversibles. La cuestión es si la capacidad de organización colectiva de la humanidad y de intervención en favor del bien común irá a la par con el desarrollo de tecnologías de la información y comunicación que permiten transacciones de todo tipo a escala global.

Las dos caras de la globalización del fútbol son las que se manifiestan por la satisfacción creciente de una gran parte de los aficionados que como consumidores acceden a un producto futbolístico cada vez en mayor cantidad y calidad; y por la aparición o agravamiento de fenómenos asociados que parecen menos deseables (además de la violencia), como la creciente desigualdad competitiva, el uso del fútbol como vehículo para articular la creciente concentración de la riqueza a nivel internacional y los fenómenos asociados a la corrupción o el fraude fiscal, facilitados por la falta de transparencia de muchas transacciones internacionales.

1.2. La atracción global del fútbol y sus beneficiarios

Los grandes beneficiados de la expansión global del fútbol, acelerada desde finales del siglo XX (por la aparición de nuevos formatos televisivos y competitivos y por la liberalización del mercado de fichajes), han sido los aficionados de los grandes clubs y las grandes estrellas futbolísticas. Podría añadirse a este selecto grupo el de los grandes dirigentes federativos, pero en este caso para alcanzar sus ganancias algunos han tenido que recurrir muy probablemente a la corrupción, como analizaremos más adelante. Quienes no se encuentran entre los grandes beneficiados (por lo menos desde el punto de vista financiero) de la expansión global del fútbol son hasta ahora los propietarios de la mayoría de los clubs, debido a las dificultades de obtener ganancias con ellos, o para financiar con recursos propios la sostenibilidad competitiva.

La demanda de fútbol se explica por factores económicos y otros no económicos. La inclinación de millones de personas a presenciar partidos de fútbol (por televisión o en el estadio) y pagar si es necesario por ello y, en general, a participar de la experiencia del fútbol, se explica por razones culturales y sociológicas. En un mundo en el que las personas somos permanentemente bombardeadas por estímulos de todo tipo, el fútbol es una de las actividades que más ha conseguido capturar la atención de los seres humanos. En esta batalla permanente por la atención, el fútbol es uno de los grandes ganadores del mundo contemporáneo. Esta es la base del atractivo del fútbol para patrocinadores, políticos locales y magnates en busca de proyección mediática: surfear la ola de la popularidad del deporte rey y beneficiarse de ella de algún modo.

Kuper y Szymanski destacan en el libro *Soccernomics* y en otros de sus escritos que el fútbol, especialmente en Europa, ha servido de sustituto para el fervor popular ante la crisis de las religiones y de las grandes ideologías. En este último caso, en algunas ocasiones ha servido de complemento de algunas ideologías, como es el caso del nacionalismo, en distintos grados y modalidades, ya sea en la antigua Yugoslavia, en Centroamérica, en Cataluña o en Inglaterra. La relación de sustitución o complementariedad respecto de grandes ideologías y religiones tiene, por supuesto, precedentes históricos en el rol social de los grandes acontecimientos que implicaban competencia y vigor físico: las olimpiadas griegas, el coliseo y el circo romanos, los torneos medievales... La dimensión social del ser humano, que comparte con otras muchas especies animales, tiene aspectos positivos y negativos, pero en cualquier caso ha ido asociada a menudo no solo a cánticos y bailes, sino también a la celebración de hazañas físicas individuales o colectivas.

Desde el punto de vista de los factores económicos que afectan a la demanda de fútbol, este es un bien que no se distingue en exceso de la mayoría de bienes. Los aficionados, en su papel de consumidores, reaccionan en general positivamente ante descensos de los precios (la elasticidad precio de la demanda es negativa). En lo que se refiere a la relación entre la cantidad demandada y el nivel de renta o ingresos, la evolución de las audiencias televisivas y el pago por derechos de televisión, especialmente en países asiáticos, nos hace pensar que el fútbol es un bien "normal", es decir, un bien cuya demanda aumenta con el nivel de ingresos. En general, cuando las personas mejoran su nivel de ingresos, es más probable que contraten un canal *premium* o que adquieran un abono de temporada para ir al estadio. En la medida en que esto no ocurrirá para niveles de renta bajos, podemos pensar que el fútbol es incluso un bien de lujo, que aumenta más que proporcionalmente con incrementos de los ingresos. Sin embargo, también hay estudios que indican que, especialmente en el siglo XX, la demanda de fútbol en cuanto a asistencia a los estadios aumentaba con el desempleo o con el declive económico, con lo que en estos casos estaríamos hablando de un bien *inferior*. Por otro lado, al aumentar los ingresos por una mejora del clima económico en general, puede aumentar el coste de oportunidad del tiempo que dedicamos al deporte (o a otros espectáculos relacionados con el ocio), ya que cuando estamos viendo un partido, por ejemplo, quizás podríamos estar empleando el tiempo en ese momento de ocio en alguna actividad de trabajo mejor retribuido que antes de la mejora del clima económico. Sin embargo, no parece que este sea el efecto que ha dominado en los últimos años, sino que el aumento de los niveles de renta de los mercados amantes del fútbol se ha traducido en un consumo mayor. Es posible que con la mejora de los estadios (desaparición de las entradas de pie, llamadas en algunos países "de general" o en otros "terrazas") y el encarecimiento de las entradas, el perfil de las personas que acuden a los estadios haya cambiado, y hoy sean menos, en términos relativos, las personas de clase trabajadora baja quienes acuden a los partidos (con variaciones importantes entre países), y sean más las personas o familias de clase media y media alta. Es lo que se conoce como proceso de *gentrificación.*

De todos modos, no hay que confundir disponibilidad a pagar con pagar efectivamente. Si los oferentes fueran capaces de apropiarse de toda la disponibilidad a pagar de los aficionados, las empresas futbolísticas (clubs, ligas, federaciones) estarían entre las corporaciones más ricas del mundo. Y no lo están. Una de las razones es el problema de "apropiabilidad" al que se enfrentan. Este problema se deriva del hecho de que la experiencia futbolística tiene para muchos aficionados las características de un bien público. En economía, un bien público se define como un bien que se caracteriza por carecer de rivalidad en el consumo y por no ser este consumo excluible. Hay pocos aspectos del consumo de fútbol que estén sometidos a rivalidad, ya que el mismo partido puede ser disfrutado al mismo tiempo por los miles que están presentes en un estadio y por los millones que potencialmente pueden verlo en televisión. Pero puede argumentarse que presenciar un partido en un estadio o verlo en alta calidad en televisión son formas de consumo por lo menos en teoría excluibles, es decir, son tales que quienes tienen los derechos de propiedad del espectáculo podrían excluir a quienes ellos deseen (por no pagar una cantidad de dinero o por no estar invitados) del disfrute del bien. Sin embargo, hay aspectos de la experiencia del fútbol que no son excluibles. Piénsese en el personaje de Nick Hornby en *Fever Pitch* mencionado más arriba. Esta persona disfruta pensando en el fútbol, hablando de fútbol. A los productores les gustaría poner un precio a esta actividad, pero no pueden hacerlo. Si a esto añadimos las dificultades tecnológicas por evitar el pirateo de señales televisivas por

Internet y el disfrute de programas radiofónicos por los que históricamente no se han cobrado derechos, o la utilización en general de Internet y las redes sociales, reunimos los elementos que dificultan enormemente que los productores se beneficien masivamente de la popularidad que el fútbol tiene entre la afición. En los sectores económicos convencionales, las empresas tienen menos dificultades por apropiarse de la disponibilidad a pagar de los consumidores (piénsese en las bebidas azucaradas, por ejemplo) porque la experiencia del bien se reduce a su consumo directo, excluible. Gran parte de los fenómenos que se observan por parte del lado de la oferta, que se analizarán en profundidad más adelante, tienen que ver con los esfuerzos continuos de los productores por capturar una parte mayor de la disponibilidad a pagar por la experiencia global del fútbol de los aficionados (por ejemplo, a través de la publicidad y el patrocinio o el *merchandising,* que también se puede piratear) y los esfuerzos de estos por intentar evitarlo.

Otro fenómeno que dificulta enormemente la capacidad de las organizaciones del lado de la oferta por ganar dinero con el fútbol es el creciente poder de negociación de las grandes figuras del fútbol. Es lo que el economista norteamericano Sherwin Rosen llamó "la economía de las superestrellas", un fenómeno que se da en el deporte espectáculo y en otros sectores económicos que comparten características parecidas. Estas características se resumen fundamentalmente en dos: la diferenciación vertical y el bajo coste marginal de añadir consumidores. La primera característica, la diferenciación vertical, consiste en el hecho de que hay jugadores que se distinguen por su distinto nivel de calidad, y hay cierto consenso en quiénes son los mejores jugadores. Las diferencias entre jugadores tienen, pues, en gran medida un carácter objetivo (cuando la diferenciación del producto se produce por razones subjetivas, de gusto del consumidor, hablamos de diferenciación horizontal). La segunda característica, el bajo coste marginal de añadir consumidores, consiste en que una vez un producto futbolístico está en el mercado (por ejemplo, un partido en el que juega Leo Messi), el coste de añadir consumidores adicionales al disfrute de ese producto es mínimo. Es decir, el coste de producir un partido con una determinada estrella para una persona es muy parecido al coste de producir ese partido para millones de aficionados. La combinación de estas dos características, a saber, la diferenciación vertical y el bajo coste marginal de añadir consumidores, implica que es posible satisfacer al mismo tiempo a muchísimas personas que están dispuestas a pagar por disfrutar de las principales estrellas, mucho más de lo que están dispuestas a pagar por disfrutar de futbolistas con menos habilidades. Ello explica las enormes diferencias de ganancias entre futbolistas de una misma competición, incluso de un mismo equipo. La economía de las superestrellas se materializa porque muchísima gente está dispuesta a pagar más por los mejores, y es posible tecnológicamente satisfacerles. La libertad de movimientos de las grandes estrellas en un mercado laboral global hace el resto: los grandes astros cambiarán de equipo si en el presente no capturan una gran parte de lo que los aficionados están dispuestos a pagar por ellos. La economía de las superestrellas, hasta hace poco aplicable a los sectores económicos relacionados con el espectáculo o la creación artística (deportistas, cantantes, actrices y actores) puede ser una, aunque por supuesto no la única ni son todas irreversibles, de las razones de la creciente concentración de la riqueza a nivel internacional. La digitalización, el abaratamiento de las nuevas tecnologías de la información y la comunicación y la inteligencia artificial pueden estar extendiendo los efectos de la economía de las superestrellas a otros sectores económicos, como la sanidad y la educación: el valor en el mercado global de unos pocos profesionales humanos puede ser mucho más elevado que el valor en declive de muchos otros.

La investigación empírica sobre la demanda en el deporte y en el fútbol en particular ha suscitado dos cuestiones adicionales que son de interés para profundizar en la evolución reciente y futura del deporte espectáculo: se trata de la relación entre incertidumbre sobre el resultado y demanda del fútbol, por un lado, y de la relación de complementariedad o sustituibilidad entre la existencia de fútbol televisado y la demanda por asistir como espectador a los estadios. Respecto a la primera cuestión, es indudable que la incertidumbre desempeña un papel fundamental en el deporte en el doble sentido de que hay emoción en vivo y de que la suerte tiene un rol muy importante en el desenlace de la competición (probablemente más en el fútbol que en otros deportes por el carácter fluido del juego y por la estrechez de los marcadores). En un sentido literal, los aficionados valoran mucho más la incertidumbre de un partido en directo que el disfrute de un partido un diferido cuando ya se conoce el resultado. Y valoran mucho más un partido en el que hay algo en juego que un partido en el que los contrincantes ya no se juegan nada (de ahí que las ligas introduzcan todo tipo de incentivos, ya sea en forma de ascensos y descensos, clasificaciones a competiciones europeas, o a eliminatorias o *playoffs*), en consonancia con el hecho de que los deportistas, como el conjunto de los seres humanos, necesitan puntos de referencia para motivarse intrínsecamente (como llegar por debajo de las 3 o las 4 horas en la maratón, aunque en este caso no lleve acarreado ningún premio explícito, extrínseco ni monetario). Sin embargo, es más controvertida la relación entre una variable relacionada con la incertidumbre, pero no exactamente igual a ella, y la demanda, como es el equilibrio competitivo entre dos equipos o en una competición. En primer lugar, la incertidumbre puede ser sobre el resultado o el desenlace del partido sin que haya mucho equilibrio competitivo, y podría en teoría haber equilibrio competitivo sin incertidumbre, como en una situación de tongo, aunque la combinación de incertidumbre y equilibrio competitivo tiene un gran atractivo para el aficionado. Uno podría pensar que esa es la razón por la que un clásico entre el Barça y el Real Madrid tiene una gran audiencia, y sin duda es un componente de ello. Pero otra razón por la que estos partidos tienen una gran audiencia es porque hay muchos aficionados del Barça y muchos del R. Madrid que desean ver el partido contra el máximo rival (y ganarle, ya que no desean presenciar un empate). Esto nos da una pista de que en el trabajo empírico es difícil distinguir entre incertidumbre y otras características que se dan en muchos partidos de desenlace incierto, como son el equilibrio competitivo, la rivalidad entre los equipos y la calidad del juego. Aunque es plausible que una gran cantidad de aficionados muestre un gran apetito por la incertidumbre, la calidad del juego y la máxima rivalidad, autores como Szymanski han puesto de manifiesto que aspirar per se a un mayor equilibrio competitivo no tiene por qué necesariamente mejorar el bienestar de una gran masa de consumidores que es partidaria de la victoria de un pequeño número de equipos dominantes. El debate es importante y no está ni mucho menos zanjado. De su desenlace depende que se justifiquen en mayor o menor grado restricciones a la competencia o mecanismos de reparto entre clubs como los que hay o ha habido en las ligas profesionales de Estados Unidos: ligas cerradas, topes salariales, reparto de ingresos, asignaciones de nuevos jugadores a los equipos más débiles (*draft*). Estos mecanismos de reparto también pueden depender en última instancia de razones políticas. Si los regímenes no democráticos pueden tender a favorecer a un equipo en concreto (el "equipo del régimen"), la apertura a la democracia puede disolver estos vínculos, pero generar una mayoría a favor de nuevos mecanismos de desequilibrio competitivo, por ejemplo en forma de ayudas fiscales, regulatorias o de otro tipo a favor de los grandes equipos que aglutinan a una mayoría de la afición.

La segunda cuestión de interés para profundizar en la evolución del fútbol por el lado de la demanda es el de la relación entre fútbol televisado y asistencia a los estadios. Al principio de las retransmisiones masivas de partidos en televisión, los clubs temían que el directo televisivo podía ir en detrimento de la asistencia a los estadios. Aunque a corto plazo esta sustituibilidad puede darse, hoy se acepta que el fútbol televisado masivo ha contribuido positivamente a la asistencia de público a los estadios de los grandes clubs. Otra cosa es la asistencia de público a los estadios de clubs modestos, de divisiones inferiores o aficionados, que sí parecen verse afectados por la presencia constante de fútbol de gran calidad en la televisión. En los estadios de los grandes clubs, hoy quizás hay menos asistencia abnegada y regular de aficionados que no se pierden ningún partido, pero ha aumentado la asistencia de visitantes irregulares y turistas, que han llegado al fútbol o se han mantenido en él gracias a la televisión, y que, de todos modos, no desean perderse de vez en cuando la experiencia de asistir en persona al estadio.

Una pregunta final que cabe plantearse en esta subsección es la siguiente: si detrás de la demanda del fútbol hay una serie de factores económicos y no económicos más o menos objetivos como los que se acaban de señalar, ¿por qué esta demanda no tiene la misma fuerza en todos los países del mundo? El fútbol en Estados Unidos y en otros países futbolísticamente emergentes es un fenómeno de interés creciente, especialmente entre algunos grupos demográficos.

Pero pese a los esfuerzos de sus promotores y al intenso debate que la cuestión suscita entre los sectores interesados, parece que estos no consiguen que la demanda lo sea de una liga nacional tan fuerte como las ligas europeas, sino que más bien el interés creciente es por las ligas de otras latitudes. Una razón puede ser que otros deportes se popularizaron antes masivamente (en el caso norteamericano quizás precisamente por oposición a los deportes del antiguo colonizador británico: béisbol en lugar de cricket, fútbol americano en lugar de rugby): al fin y al cabo la historia importa (*history matters*) y los procesos históricos están muy marcados por las condiciones iniciales (*path-dependence*). Aun así, también en países como Estados Unidos y China (y en menor medida en Indonesia y la India) el fútbol ha crecido enormemente en las últimas décadas. Cada vez son más las grandes estrellas europeas que deciden terminar su carrera en las ligas de estos países y los entrenadores de renombre que pasan por lo menos una parte de su carrera en esas latitudes, y hay inversores ya sea en el sector público o en el privado dispuestos a invertir enormes sumas de dinero en el deporte rey. En la medida en que países muy poblados y con un gran potencial económico como Estados Unidos, China, India e Indonesia aún son países futbolísticamente emergentes, la demanda global de fútbol tiene todavía mucho camino por recorrer.

1.3. El lado de la oferta

A pesar de algunas peculiaridades del lado de la demanda (como los que dan lugar al problema de apropiabilidad y al fenómeno de la economía de las superestrellas descritos anteriormente), el comportamiento de los aficionados al fútbol responde, entre otras, a las motivaciones económicas estándar que también se dan en otros sectores. El enorme éxito del fútbol por el lado de la demanda se puede satisfacer por el lado de la oferta gracias a una gran tradición de deportes con balón presente en todo el mundo (con orígenes ancestrales en Mesoamérica, China e Italia) y que en el caso del fútbol se codificó en Gran Bretaña en el siglo XIX. Pero desde el punto de vista del análisis económico, el lado de la oferta presenta mayores complejidades, a pesar de la simplicidad aparente de producir un partido de fútbol.

Cualquiera que haya practicado este deporte o algo que se parezca a dar patadas a un balón (construido con los materiales más básicos si hace falta: una bola de calcetines para entretener a dos hermanos en el pasillo de casa, o una bolsa de plástico llena de papeles y bien compactada con gomas alrededor para jugar en el patio) se da cuenta de la facilidad de la oferta a un nivel muy elemental: se necesita muy poca equipación o infraestructura para jugar al fútbol, a diferencia de otros deportes: es un deporte de niños (y cada vez más niñas) en la calle, en los patios de los colegios, en los pasillos de los apartamentos y en los parques. De la enorme masa de practicantes en los niveles más populares, un proceso darwiniano de selección acaba produciendo una distribución de talento con una cola muy fina de grandes futbolistas, con una gran diferencia de calidad entre unos pocos jugadores muy buenos y los demás. Esta selección no es del todo aleatoria, ya que como en muchos deportes, los niños nacidos más cerca de la edad de corte de las categorías son seleccionados antes y se benefician de esa ventaja inicial a lo largo de su carrera. Por ejemplo, en la Serie A italiana, los nacidos en el mes de enero son un 70% más que si se distribuyeran como están distribuidos en la población en general los nacidos en el mes de enero[9]. Pero aparte de este factor, hay muchos otros (físicos, psicológicos, sociales, accidentales) que determinan por qué unos jugadores destacan más que otros. A pesar de que hay millones de practicantes, no hay capital humano de máxima calidad para nutrir 100 grandes equipos europeos, sino que el talento se concentra cada vez más en un número de grandes clubs que se puede contar con los dedos de una o de máximo dos manos. Podría pensarse que el escaso talento de alta calidad podría distribuirse aleatoriamente por sorteo en lugar de asignarlo a través del mecanismo de mercado, pero esto no maximizaría el bienestar de unos consumidores muy sesgados, mayoritariamente partidarios a priori de los clubs más poderosos. Con la liberalización del mercado de fichajes es difícil evitar la concentración tan desigual de talento en los grandes clubs. Si a esto le añadimos la liberalización creciente de la propiedad y la facilidad para las grandes fortunas de adquirir clubs, asistimos al hecho de que el fútbol ilustra como pocos fenómenos la concentración creciente de la riqueza mundial de la que habló Thomas Piketty en *El capital del siglo XXI*.

9. Véase http://www.lavoce.info/archives/36467/il-titolare-in-squadra-spesso-e-nato-a-gennaio/

Pero hoy la oferta de fútbol no surge solo de la emergencia de talento futbolístico, sino de su combinación con un mecanismo de transmisión que no existía cuando se inventó el fútbol moderno en el siglo XIX: la televisión. Hoy es la combinación de fútbol y televisión lo que consigue atraer a millones de consumidores. Es un paquete de productos, enormemente exitoso, que no fue diseñado por nadie y que, por tanto, ilustra el rol de las fuerzas evolutivas en la innovación. Hoy los partidos de fútbol en directo están sistemáticamente entre los más vistos en televisión. Si sumamos los derechos televisivos que han pagado las cadenas de televisión por emitir la Champions League en el periodo 2018-2012, solo en el Reino Unido, Francia y Alemania, estos ascienden a más de mil millones de euros, y las cantidades pagadas han aumentado más del 25% en cada uno de los últimos tres trienios, pese a incluir la resaca del período de la crisis financiera global[10].

Las retransmisiones televisivas de todos los partidos de las principales ligas y campeonatos han transformado por completo la experiencia del aficionado al fútbol en las últimas décadas. Un aficionado que tenga entre 50 y 60 años habrá recorrido un largo trayecto desde una infancia en la que veía esporádicamente partidos en blanco y negro de su equipo y el resto si no iba al estadio los tenía que escuchar por la radio. Eso suponiendo que tuviera la suerte de vivir en el ámbito de recepción de la televisión y de la radio locales, que se retransmitían mediante antenas terrestres. El escritor Jordi Soler narra en *Los rojos de ultramar* cómo su familia, encabezada por sus abuelos, que se habían exiliado tras la Guerra Civil española, recibía con días de retraso la información sobre los resultados de su equipo, el FC Barcelona, en la selva mexicana, gracias a un pequeño recuadro en las páginas de la prensa local que se hacía eco de los avatares del fútbol europeo. En la década de 1990 esto cambió radicalmente con las nuevas tecnologías televisivas de los canales codificados, el satélite, el cable, el pago por visión y los canales *premium*. En poco tiempo, todos los partidos de los grandes equipos pasaron a retransmitirse por televisión y podían verse simultáneamente en todo el mundo. Esto no solo aumentó exponencialmente de modo directo

10. Véase http://www.lavoce.info/archives/47473/calcio-tv-perche-tutti-vogliono-la-champions/

(pago por visión o canales *premium*) o indirecto (publicidad) los ingresos potenciales del fútbol (que no necesariamente los beneficios, por la presión por gastar en fichajes y salarios), sino que alteró algunos aspectos de la naturaleza del juego, como el inmediato coste reputacional de no esforzarse por parte de las grandes estrellas cuando jugaban fuera de casa, o el de cometer errores de bulto por parte de los árbitros. Hoy un partido de las eliminatorias avanzadas de la Champions League, o un clásico entre el Barça y el R. Madrid, es un programa de enorme valor en todo el mundo. Por ejemplo, el partido en el estadio Santiago Bernabéu entre los dos grandes rivales españoles del 23 de diciembre de 2017 fue programado por primera vez en el horario inusual de las 13.00 horas de España, lo que permitió que fuera visto en horas de vigilia de un sábado desde Sudamérica (las 9 de la mañana en Chile y Argentina) hasta la China, donde se ofreció en horario vespertino de máxima audiencia. La sofisticación actual de las retransmisiones televisivas implica, además, una mejora enorme de la calidad del producto: repeticiones en cámara ultralenta con posibilidad de detener el movimiento en el momento justo, superposición en directo de texto (o imágenes como la línea del fuera de juego o la ubicación de lanzamientos de penalti previos de un jugador justo antes de una pena máxima) sobre la pantalla, todo tipo de perspectivas y demás.

La cobertura del fútbol en las cadenas televisivas generalistas va actualmente más allá de la transmisión en directo de partidos. El espacio dedicado al fútbol en los espacios informativos iguala o supera al dedicado a la información política. Además, los principales clubs tienen canales propios de televisión en los que emiten encuentros pasados (victoriosos) o programación sobre la actualidad o el pasado del club durante las 24 horas del día.

Las redes sociales e Internet permiten hoy, además, una gran profundidad informativa, en el sentido de que se puede indagar al instante (antes, durante y después de los partidos) sobre los más minuciosos detalles de lo que ocurre alrededor de un equipo o un campeonato. Lo que antes ofrecía la exitosa prensa deportiva escrita en soporte papel o la radio, hoy lo ofrece sin limitación de espacio, a todas horas, la red. En el futuro inmediato, nuevos formatos comunicativos en la convergencia entre la televisión, la telefonía móvil e

Internet van a seguir revolucionando la oferta de este deporte espectáculo.

La posibilidad de llegar a muchísima más gente que en el pasado y de capturar la atención de amplísimos sectores de la sociedad han ido asociadas a la comercialización masiva del fútbol, que coexiste en tensión con sus raíces comunitarias y populares. Esta comercialización, sin embargo, ha sido hasta ahora compatible con los endémicos problemas financieros de los clubs, que tienen su raíz en la combinación de los fenómenos ya mencionados de los problemas de apropiabilidad, el fenómeno de la economía de las superestrellas y también la naturaleza de las ligas europeas. Estas están basadas en el mecanismo de los ascensos y descensos, que introducen un gran componente de riesgo y dificultan las estrategias cooperativas entre clubs, más habituales en las ligas profesionales deportivas de Estados Unidos, menos afectadas por el endeudamiento crónico.

El riesgo de invertir en clubs de fútbol cotizados en Bolsa es tal que algunos han llegado a sugerir prohibir dicha cotización por los enormes riesgos subyacentes. En un estudio de los economistas Aglietta, Andreff y Drut, se muestra que invertir en una cartera de valores formada por todos los clubs cotizados en Bolsa a principios del siglo XXI a lo largo de diez años apenas habría resultado en un rendimiento positivo para los inversores en activos financieros, que habrían salido ganando si en lugar de esa estrategia hubieran invertido una misma cantidad en acciones o en bonos[11].

Por lo demás, surgen complicaciones con la definición tradicional de oferta en los libros de texto de economía si intentamos aplicarla al fútbol. En la definición de la curva de oferta, esta nos da para cada precio posible del mercado, cuál es la cantidad que maximiza los beneficios de una empresa para una tecnología dada. La definición supone un comportamiento precio-aceptante por parte de la empresa (esta no tiene ninguna influencia sobre el precio) y también un comportamiento maximizador de beneficios. Sin embargo, los clubs y las ligas de fútbol suelen incumplir estos supuestos. Por un lado, los productores no operan en un contexto de competencia perfecta (precio-aceptante), sino que tienen un considerable poder

11. Aglietta et al. (2010), *Floating European Football Clubs in the Stock Market*, EconomiX Working Paper 2010-24.

de mercado al operar en mercados oligopolísticos o monopolísticos (como veremos en el capítulo siguiente, no necesariamente por malas razones). Y, por otro lado, el comportamiento de muchos de ellos se aleja del supuesto de maximización de beneficios, ya que algunos de los más importantes productores, como las grandes federaciones y algunos de los grandes clubs, son entidades no lucrativas, o siendo jurídicamente entidades lucrativas, están dominadas por dueños que no tienen por objetivo maximizar beneficios, sino disfrutar de un proyecto o utilizarlo por otros motivos.

El lado de la oferta del fútbol también se complica por la enorme complejidad de su cadena de valor, es decir, el conjunto de unidades tecnológicamente separables que intervienen desde la producción básica (un partido) hasta alcanzar al consumidor final. En medio aparece una enorme variedad de agentes con intereses económicos y con capacidad de decisión, como son los jugadores (y sus familiares), sus agentes, los clubs (con sus distintos tipos de propietarios y/o suministradores de capital), las ligas, las federaciones, los árbitros, los entrenadores, las empresas de medios de comunicación, los propietarios de los estadios ahí donde no son los clubs (habitualmente la municipalidad, aunque también puede haber otros agentes: por ejemplo, el estadio de Wembley en Londres es propiedad de la federación inglesa de fútbol, la Football Association o F.A., aunque recientemente ha recibido una oferta para su venta) y otros muchos agentes que proporcionan servicios a la industria como médicos, dietistas, asesores fiscales y empresas de datos.

Las relaciones entre estos distintos segmentos de la cadena de valor del fútbol vienen condicionadas entre otros factores por la estructura de ingresos de los clubs, cuyo seguimiento anual se puede realizar a través de los informes de Deloitte (*Deloitte Football Money League*). Esta estructura se basa en tres grandes fuentes de ingresos: los derechos televisivos; la taquilla y otros ingresos por el uso del estadio, y el patrocinio y venta de *merchandising*. Los equipos italianos, por ejemplo, tienen un porcentaje superior de ingresos de la televisión (en comparación con los ingresos del estadio y el *merchandising*) en relación con los equipos de otras ligas europeas, según el economista Tito Boeri porque el hecho de no ser en general propietarios de los estadios les impide desarrollar políticas ambiciosas de ingresos con la gestión del estadio (discriminación de precios, patrocinio de la instalación). A su vez, el enorme peso de los ingresos televisivos confiere un enorme poder a las empresas televisivas y mediáticas italianas, que no ha sido frenado por las autoridades de defensa de la competencia. En cambio, en el Reino Unido, donde los clubs suelen ser propietarios de los estadios, los ingresos por taquilla son mucho más elevados (más de 50 euros por espectador por partido de promedio). Además, las autoridades de defensa de la competencia han sido mucho más estrictas en cortar la posibilidad de que empresas mediáticas fueran propietarias de clubs, como ocurrió con el veto a la adquisición del Manchester United por parte del conglomerado mediático de Rupert Murdoch. Otros riesgos de "integración vertical" (la fusión a veces con consecuencias anticompetitivas de distintos segmentos de la cadena de valor) vienen de la relación de agentes de futbolistas (a su vez en algunos casos relacionados con empresas mediáticas) con clubs. Aunque la mayor coordinación entre unidades relacionadas puede mejorar la eficiencia y proporcionar un mejor servicio al consumidor, también pueden producirse distorsiones anticompetitivas al surgir cuellos de botella controlados por un competidor que pueda expulsar a otros potencialmente más productivos.

1.4. Politización y nacionalismo

En este primer capítulo dedicado a la globalización del fútbol difícilmente podemos omitir su politización y, en aparente paradoja, el enorme peso del nacionalismo y otras formas de identitarismo (como la religión). Aunque los fenómenos de politización responden a una lógica nacional o local la mayoría de las veces, cuando se mezclan con aspiraciones de dominio o influencia internacional por parte de algunas élites nacionales (como en Catar y China), nos damos cuenta de cómo forman parte de los fenómenos asociados a la globalización del fútbol.

El uso político del fútbol y los grandes acontecimientos deportivos de masas se remontan al pan y circo en Roma y más allá, y tienen una continuación contemporánea extrema en el esfuerzo de regímenes totalitarios o autoritarios por ocultar sus crímenes o sus déficits democráticos mediante su proximidad a la popularidad del deporte, como hicieron Hitler y Videla y los regímenes actuales en

Catar (con la llamada diplomacia blanda del fútbol) y China (con el plan del presidente Xi Jinping de convertir a su país en una gran potencia futbolística). Los mundiales de 2018 y 2022, organizados por regímenes autoritarios si no se producen cambios, nos ofrecerán probablemente nuevos ejemplos del uso del deporte por parte de los autócratas. Pero también las puertas giratorias entre el fútbol y la política en países democráticos muestran como el pluralismo no está reñido con el uso de la popularidad del balompié, como ilustran a distintas escalas los casos de Berlusconi en Italia, Piñera en Chile, Macri en Argentina, George Weah en Liberia, Mitt Romney en Estados Unidos a partir de los Juegos Olímpicos de Invierno de Salt Lake City y Joan Laporta en Cataluña. Muchos dirigentes políticos ven en las puertas giratorias entre deporte y política una forma relativamente asequible de conseguir popularidad, de *gustar* a la gente. Esta promiscuidad sería así una forma de populismo, en el sentido de una manera fácil y legítima de conseguir popularidad sin tener que pasar por el engorro de plantear o ejecutar mejoras profundas sostenibles en el tiempo para la sociedad. El populismo deportivo sería un componente de la relajación moral en la gestión del deporte (lo que en inglés se llamaría *moral hazard*) al dar lugar a un incentivo para atraer a personas que no necesariamente son las que están mejor capacitadas para contribuir a una buena gestión organizativa o deportiva. Si en las grandes entidades financieras se habla del problema *too big to fail* (demasiado grandes para fracasar), en el deporte puede estarse produciendo el problema *too popular to fail* (demasiado populares para fracasar): ya que algunas entidades son demasiado populares para pensarse en que sea imaginable su quiebra financiera (puesto que serán de algún modo rescatadas mediante lo que en inglés se denomina *bailout* en caso de dificultad extrema, o auxiliadas mediante ayudas de Estado como las que está investigando la Comisión Europea en el fútbol español), no implica un coste demasiado elevado ponerlas en manos de personas que tienen objetivos de tipo político o personal cuyo perfil pueda chirriar con el de la gestión óptima de los recursos.

No solo se politiza el fútbol, sino que se futboliza la política. La categoría de personalidades con liderazgo mediático y social que adquieren algunos deportistas hace que sus opiniones políticas se escuchen mucho más que las de otras personas con un nivel de conocimientos parecidos o superiores. Fueron célebres en su momento las opiniones izquierdistas de futbolistas como el brasileño Sócrates y el chileno Caszely, igual que han protagonizado el debate sobre racismo y nacionalismo los posicionamientos de jugadores de fútbol americano liderados por Colin Kaepernick, que arriesgó su carrera por defender a los colectivos afroamericanos discriminados por determinadas acciones policiales. En España el posicionamiento político de los futbolistas es menos habitual, pero en los últimos tiempos el debate independentista en Cataluña ha sacado a la palestra las posiciones cercanas a los nacionalismos de distinto signo de Piqué, Xavi, Guardiola, Soldado, Arbeloa y Segio Ramos. El gol de Iniesta (el jugador manchego del Barça hasta 2018, sistemáticamente aplaudido en muchos estadios) que dio la victoria a España en la final del Mundial de 2010, y tras el cual el protagonista homenajeó a un jugador fallecido del RCD Espanyol, el rival local, gol que fue muy celebrado tanto en Barcelona como en Madrid, es visto por muchos como un contrapunto de una reconciliación posible por lo menos en el plano simbólico.

El uso del fútbol como escenario de conflictos identitarios y nacionalistas ofrece numerosos ejemplos de politización, muchos de ellos de tipo pacífico, aunque otros muestran la facilidad con que las tensiones pueden escalar hacia fases violentas (por lo menos en aquellos contextos en los que no existe un marco institucional estable como el que parece facilitar de momento la existencia de la Unión Europea). Se vio en la guerra del fútbol entre Honduras y El Salvador de 1969 y en las relaciones entre bandas de fanáticos y milicias armadas en las guerras de los Balcanes. Lo cierto es que las rivalidades entre clubs y entre selecciones nacionales muestran la coexistencia de integración económica del mercado y simbología nacional. El fútbol globalizado, lejos de terminar con la simbología nacional y el marco mental asociado a ella, propicia un escenario en el que el nacionalismo se despliega.

Los recientes episodios soberanistas en países desarrollados, como el referéndum del Brexit de 2016 y el proceso independentista en Cataluña desde 2012, han tenido derivadas en el debate sobre el futuro del fútbol. En el caso del referéndum sobre la independencia de Escocia de 2014 esto no fue así, ya que Escocia ya tenía una liga propia de fútbol y una selección nacional de fútbol (así como de otros deportes, como el rugby, cuyo Torneo de las Seis Naciones incluye con naturalidad varias que no son Estados), que van a seguir existiendo a pesar de que en el plebiscito se impusieron los partidarios de permanecer en el Reino Unido. En el referéndum del Brexit surgió la preocupación sobre el futuro de los equipos británicos en la Champions League y el futuro de la presencia de jugadores y entrenadores comunitarios en la Premier League. Respecto a la máxima competición por clubs, el debate no tenía mucho recorrido dado que en la Champions League ya participan equipos de países, como los rusos, que no están en la Unión Europea. Sin embargo, la presencia sin restricciones de profesionales de países europeos, que sin duda han enriquecido el fútbol inglés en los últimos años desde la llegada de Arsène Wenger en 1996 (coincidiendo con la *sentencia Bosman*), dependerá de los detalles finales de la relación pos-Brexit (siempre que no se revierta la decisión del referéndum de junio de 2016) que se establezca entre la Unión Europea y el Reino Unido.

En el caso de Cataluña, se ha especulado con qué implicaciones tendría una eventual creación, sobre todo para el principal club catalán, el FC Barcelona, de un Estado catalán independiente. Por supuesto, estas dependerían de los detalles de este hecho hipotético, como el no menor de la presencia o la ausencia por un tiempo indeterminado de la Unión Europea. Por los posicionamientos tanto de la federación española de fútbol como del propio club y de su máxima estrella (que incluyó una cláusula en su último contrato para protegerse de una eventual salida del Barça de las grandes ligas), no parece que nadie desee la salida del club de la Liga española, aunque se podría especular con su admisión en otras grandes ligas. Los principales protagonistas parecen descartar una liga catalana de fútbol, que estaría sometida al mismo problema de falta de suficientes clubs de peso que aflige a la liga escocesa. Más allá de lo que establece la actual normativa (los clubs de la Liga española deben ser españoles y los clubs que participen en las competiciones europeas deben provenir de las ligas nacionales reconocidas), lo cierto es que el fútbol y el deporte en general permiten quizás más margen de maniobra que el que permite la política. Al fin y al cabo, hay equipos canadienses en las ligas de deportes profesionales de Estados Unidos, el Mónaco participa en la liga francesa y en el fútbol británico existen varios modelos (Escocia tiene liga propia y Gales no, pero ambos tienen selección nacional reconocida), cuando de lo que se trata es de buscar la asignación más eficiente de recursos. Quizás el Barça y el Madrid deberían sumarse a lo que hoy es la liga inglesa (pero que podría convertirse en el embrión de una gran liga internacional) en ausencia de momento de una superliga europea de fútbol por la que abogan algunos.

En realidad, la secesión futbolística sería mucho más aceptable que la secesión política. El FC Barcelona y el R. Madrid podrían eventualmente unirse a la Premier League, quizás al principio al menos junto con los Glasgow Rangers y el Celtic Glasgow, cuyos ingresos aumentarían enormemente con independencia del futuro político de Escocia. Este sería el embrión de una verdadera superliga europea si esta no nace como evolución de la actual Champions League (y si una liga atlántica no integra a los equipos escoceses con los portugueses y otros), lo que aumentaría muchísimo el número de partidos de fútbol interesantes cada semana, aparte de contribuir al efecto pedagógico de ilustrar la relatividad y banalidad creciente de las fronteras entre países. Ahora tenemos que soportar muchos encuentros aburridos en la Liga española y otras ligas, que podrían recuperar cierto grado de equilibrio competitivo como ligas regionales en ausencia de algunos grandes clubs (que podrían todavía enfrentarse a los actuales equipos más débiles de las ligas nacionales en competiciones de Copa a un solo partido, es decir con más emparejamientos entre equipos que en el sistema actual). Ahora las ligas de fútbol nacionales compiten ya por la atención de los hinchas, por los entrenadores y por los jugadores. ¿Por qué no podrían competir también por atraer equipos? La mayoría de las audiencias, y la mayoría de los mejores jugadores y los mejores entrenadores encuentran actualmente que la Premier League es una liga mejor. Al mismo tiempo, hay una demanda sin explotar por presenciar mejores partidos, que son perfectamente viables desde el punto de vista tecnológico y logístico. Los fanáticos del fútbol tenemos que esperar hasta el final de la temporada para ver partidos verdaderamente grandes en Europa, y esperar hasta la fase final de la Copa del Mundo cada cuatro años. Este cambio hipotético contribuiría, por lo demás, a prevenir un Brexit duro, destacando los beneficios de que el Reino Unido permanezca en el mercado único. No causaría ningún gran problema a las economías española ni europea porque todavía disfrutaríamos de dos clásicos cada temporada, por lo menos. La Copa de España y la Liga de Campeones se mantendrían con formatos quizás ligeramente modificados. Los equipos nacionales sobrevivirían, pero con suerte serían atracciones turísticas privadas de significado político (más o menos como el *calcio storico* en Florencia y Siena). De todos modos, no es más que una de las posibles reestructuraciones del fútbol, que compite con otras posibilidades como la creación de una superliga europea o la creación de un mundial de clubs reforzado con la participación de los grandes clubs europeos. Lo que está claro es que la estructuración de las competiciones de fútbol en Europa no tiene que darse por cerrada.

En este sentido, los cambios en las fronteras futbolísticas se pueden, por lo menos, imaginar como una evolución no traumática a partir de la situación actual. En cambio, la secesión política para crear o consolidar aún más naciones-Estado (con su paquete de bandera, himno y nacionalismo exacerbado) crea inestabilidad y pone en peligro las inversiones y la prosperidad, como es evidente en el caso del Brexit. Un mundo de naciones pequeñas y soberanas que compiten por el capital amenaza la sostenibilidad del Estado de bienestar. Un mundo de ligas de fútbol que compitan por equipos en una Europa unida sin fronteras no amenaza nada y puede ser excelente para el bienestar del consumidor, siempre que haya mecanismos distributivos que repartan equitativamente el valor creado.

La potencia del fútbol y el deporte y su relación con el nacionalismo también ha llegado a la investigación sobre la economía política de los conflictos. Mi colega Rubén Durante de la Universidad Pompeu Fabra ha mostrado que el nacionalismo en el fútbol puede tener efectos positivos. En concreto, en su investigación con Emilio Depetris-Chauvin, muestra un impacto positivo de las victorias de los equipos nacionales africanos en la reducción de los conflictos interétnicos. La selección española también contribuyó probablemente a aliviar las tensiones nacionalistas dentro de España, especialmente alrededor del gol de Iniesta en 2010. En ausencia del servicio militar obligatorio, existen pocos *shocks* patrióticos parecidos, aunque de mucha menor duración, al alcance de toda la población. Por el contrario, la máxima tensión entre Barça y R. Madrid en los años de Mourinho (2010-2013) contribuyó a erosionar la cohesión de la selección española. Por otra parte, como sabemos por la guerra del fútbol entre Honduras y El Salvador en 1969, la cohesión nacional puede atenuar los conflictos interétnicos pero agravar los conflictos internacionales. Durante también ha mostrado (en este caso en su investigación conjunta con Ekaterina Zhuravskaya) que la cobertura televisiva de importantes eventos deportivos puede desplazar la atención prestada a noticias sobre otros asuntos (que se planean estratégicamente teniendo en cuenta entre otros factores el calendario deportivo), como los decisiones políticas impopulares y los ataques en conflictos militares.

1.5. El mercado de fichajes

Uno de los aspectos característicos del gran impulso globalizador del fútbol moderno ha sido la liberalización del mercado de fichajes que se ha producido desde mediados de la década de 1990. La *sentencia Bosman* (que coincidió en el tiempo prácticamente con la irrupción de nuevos formatos televisivos y de competiciones europeas) terminó con la capacidad de retención de los clubs, y terminó también con las cuotas de jugadores comunitarios. De un año a otro, los clubs podían pasar de tener tres jugadores europeos no nacionales como máximo jugando al mismo tiempo, a tener una cantidad ilimitada de jugadores de otros países europeos. A pesar de que las cuotas seguían estableciéndose para jugadores no europeos, a muchos de ellos no les resultaba difícil acceder a la nacionalidad de algún país europeo, y el resto no se veía demasiado limitado por las cuotas residuales. El hecho es que las plantillas se internacionalizaron muchísimo y rápidamente. No sería raro ver al cabo de poco tiempo cómo algún club inglés alineaba a poquísimos o ningún jugador de su país, o cómo muchísimos jugadores españoles empezaban a buscar nuevas aventuras y salarios más altos en la liga inglesa, o en la alemana, o en la italiana, ya que tenían la oportunidad de hacerlo y las mejores posiciones en España empezaban a ser para jugadores destacados de otros países.

El balance tras más de 20 años de la *sentencia Bosman* es el típico de todo proceso de apertura: se ha producido una mejora de la calidad y de la eficiencia, pero ha habido ganadores y perdedores, por lo menos en términos relativos. Es difícil argumentar que a raíz de la liberalización internacional de los fichajes hoy la liga inglesa, por ejemplo, sea peor. Solo los nostálgicos echan de menos alineaciones compuestas mayoritariamente por jugadores ingleses. Los jugadores y entrenadores extranjeros han mejorado la calidad del espectáculo en los estadios británicos y han tenido un impacto enormemente positivo en el valor de la Premier League. Algunos ingleses se quejan por las decepcionantes actuaciones de su selección nacional, pero lo cierto es que Inglaterra en el pasado solo ha ganado el Mundial de 1966 que se jugó en casa, y gracias a un error arbitral. La selección inglesa dejó de ser favorita para las grandes competiciones desde mucho antes de la *sentencia Bosman*. Por el contrario, el caso español demuestra que el fin del proteccionismo en el mercado laboral de futbolistas no tiene por qué ir en detrimento de la selección nacional. Los años de mayor éxito del combinado español coincidieron con el apogeo de los jugadores españoles en Inglaterra, con jugadores destacados que o bien jugaban en la Premier League o bien lo hicieron durante un período de su carrera, como Fábregas, Silva, Mata y Piqué. El hecho de que lo sigan haciendo con Pedro, De Gea, Morata, Marcos Alonso, Azpilicueta y tantos otros es enormemente positivo porque significa que estos profesionales, a quienes nadie regala nada en un entorno alejado de su zona de confort, disputan una liga muy competitiva con las mejores condiciones en cuanto a recursos, técnicos, profesionalización, etc.

Los perdedores relativos han sido los clubs modestos (cuya distancia en talento con los grandes ha aumentado) y los grandes clubs de las ligas pequeñas. Si en el pasado, entre la década de 1960 y mediados de la de 1990, equipos como el Ajax de Ámsterdam, el Steaua de Bucarest y el Celtic de Glasgow podían competir con éxito por llegar hasta el final e incluso ganar en las competiciones europeas, hoy los equipos destacados de mercados pequeños tienen grandes dificultades para competir en el mercado de fichajes con los grandes equipos de las grandes ligas, que además tienen un puesto casi asegurado no solo en la fase de grupos de la Champions League, sino también en las fases de eliminatorias, al quedar emparejados en la fase de grupos con equipos inferiores. Si bien las ligas nacionales siguen dominadas en su mayoría por equipos que ya eran dominantes antes, las competiciones europeas se ven monopolizadas por un puñado de equipos de las ligas grandes que sí son competitivos en el mercado de fichajes. Es la consecuencia lógica de combinar un mercado global de trabajo con mercados nacionales del producto de distinto tamaño (en este caso las ligas).

A pesar del impacto negativo sobre la igualdad entre clubs, el experto en desigualdad económica y gran aficionado al fútbol Branko Milanovic considera que la liberalización del mercado de fichajes, acompañada por la institución de las reglas sobre selecciones nacionales, ha aumentado la igualdad entre combinados de los distintos países. La razón sería precisamente que los mejores jugadores de cada país ahora tienen la oportunidad (gracias al liberalizado mercado de fichajes) de jugar en los mejores equipos de las mejores ligas, con colegas y entrenadores de gran calidad, excelentes instalaciones, acceso a avances tecnológicos y médicos y de hacerlo durante la mayor parte del año. Pero si quieren llegar a jugar en un mundial tienen que regresar cuando son llamados a la selección de su país, porque la regla obliga a elegir un solo equipo nacional, que habitualmente, aunque no siempre, es el del país de origen. Para Milanovic, experto en globalización y desigualdad, esto es un excelente ejemplo de la necesidad de combinar mercado e instituciones para mejorar la eficiencia y la equidad al mismo tiempo. Las instituciones que permiten un reparto de las ganancias hacen más tolerables los riesgos en términos de desigualdad producidos por la ampliación de los mercados. Si los aficionados brasileños u holandeses ven como los mejores jóvenes talentos se van de sus clubs a una temprana edad, tienen la consolación de verles regresar mejorados a jugar por sus selecciones nacionales. Nótese que a pesar de que los clubs brasileños y holandeses han perdido competitividad y talento (Pelé jugó casi toda su carrera en el Santos, pero Neymar se fue del mismo equipo a los 22 años tras un gran esfuerzo, exitoso temporalmente, del club de São Paulo por retener al jugador desde que fue profesional), sus selecciones han sido todavía muy competitivas desde que se produjo la liberalización del mercado de fichajes. El Ajax de Ámsterdam ganó su última gran copa europea justo en 1995, casi coincidiendo con la *sentencia Bosman* y, por tanto, antes de que esta se aplicara inmediatamente, lo que causó la emigración a Barcelona y otros clubs de grandes ligas de los jóvenes jugadores holandeses que habían ganado el trofeo con Van Gaal. Sin embargo, la selección holandesa, pese a no haberse clasificado para el Mundial de 2018, fue segunda del mundo en 2010 (perdió la final en la prórroga contra España) y tercera en 2014 (no jugó la final tras ser eliminada en la tanda de penaltis por Argentina en semifinales). Y Brasil ganó el Mundial de 2006 y ha estado siempre entre los favoritos para ganar el resto de mundiales (pese a su humillante derrota contra Alemania en las semifinales de 2014 en casa). Además de esta evidencia anecdótica favorable a los argumentos de Milanovic, él mismo aporta el dato de que la diferencia de goles en los partidos de la fase final del mundial se ha reducido a lo largo del tiempo, lo cual es coherente con la hipótesis de que ha aumentado la igualdad entre selecciones nacionales, a pesar de que según otro gran experto en economía del deporte, Stefan Szymanski, esta mayor igualdad está limitada por el hecho de que las grandes potencias futbolísticas (y sus equipos nacionales) siguen teniendo una capacidad mayor de generar talento por la ventaja acumulativa que confiere haber sido pioneros y haber desarrollado culturas futbolísticas propias (en Brasil, Argentina, Italia, Alemania, Holanda, España y Uruguay) que solo se pueden emular hasta cierto punto.

Si bien se puede argumentar que el mercado de fichajes ha contribuido a mejorar la calidad del fútbol, o por lo menos de sus más grandes equipos e indirectamente de las selecciones nacionales, la ampliación del mercado también ha dado lugar a ineficiencias y fenómenos preocupantes. Aunque lo que más se destaca son los precios elevadísimos y crecientes de los fichajes, en realidad es posible que estos solo reflejen la mayor capacidad de generación de ingresos del fútbol. Según la revista *The Economist*, la ratio de dinero gastado en fichajes con relación a los ingresos de los clubs, se ha mantenido prácticamente constante desde mediados de 1990. Desde el punto de vista de la eficiencia, lo más preocupante probablemente es la enorme cantidad de transacciones que se producen cada año. La inestabilidad de plantillas que deben acomodar cada verano cinco o seis (o más) fichajes ha ido aumentando, y crea un contexto en el que es difícil desarrollar carreras coherentes y fomentar las canteras.

Cada año hay agentes de futbolistas, quizás en ocasiones coludidos con sectores de la prensa deportiva, que intentan vender a un gran club al nuevo *Maradona de los Cárpatos* o al *Messi de los Balcanes,* o a parecidos seres mitológicos que capturan la imaginación del espectador, pero que no existen en la realidad.

Hoy los fichajes no solo se evalúan en función del rendimiento que proporciona el futbolista, sino también en función del impacto inmediato que tiene la decisión de fichar. Los fichajes se consideran ilusionantes con independencia de su coste y se organizan grandes eventos para presentar a las nuevas estrellas. El mercado de fichajes se ha convertido en parte del espectáculo, ha dejado de ser un medio para convertirse en un fin en sí mismo; ha dejado de ser un mecanismo de asignación de recursos para pasar a ser un producto más de la industria del balón. Los compradores a menudo son víctimas de la maldición del vencedor, un fenómeno propio de los mercados de subastas, por el cual el oferente que más sobrevalora el bien subastado cuando este tiene un valor incierto es el vencedor de la subasta y acaba pagando un precio excesivo por él. En algunos mercados profesionales donde las empresas oferentes anticipan la posibilidad de la maldición del vencedor, las propias empresas desarrollan mecanismos correctores de esta maldición, que les puede ocasionar grandes pérdidas, pero en el mundo del fútbol la presión popular hace en muchos casos muy difícil la introducción de estos mecanismos correctores. La maldición del vencedor también se da en los grandes eventos deportivos, por ejemplo en la organización de mundiales, donde el país que gana la puja por organizar el certamen se da cuenta al cabo del tiempo de que ha acabado incurriendo en unos costes que no siempre están justificados por los beneficios sociales y financieros del evento.

La enorme presión por fichar, animada por unos aficionados con mucha capacidad de influir a corto plazo y por un mercado mediático muy competitivo donde las empresas de comunicación pugnan por satisfacer las pulsiones de los hinchas, hace que se tomen decisiones rápidas bajo presión. Son habituales los fichajes que fracasan o que no justifican las elevadas cantidades de dinero que se pagan por ellos.

Kuper y Szymanski, en el famoso libro *Soccernomics*, explican que a pesar de que el gasto en salarios está muy asociado al éxito deportivo (los clubs que gastan más en salarios ganan más partidos y torneos), el gasto en fichajes lo está de una forma mucho más imperfecta. Las razones por las que algunos clubs fichan a jugadores inadecuados o no venden a jugadores que podrían vender ventajosamente son las mismas que describe el libro de Michael Lewis *Moneyball* en béisbol, llevado brillantemente al cine con Brad Pitt en el papel de Billy Beane, el mánager de los Oakland Athletics que en los últimos años ha expresado su admiración por el hasta 2018 entrenador del Arsenal Arsène Wenger, y ha asesorado también a algunos equipos de fútbol en Estados Unidos, Inglaterra y Holanda. Muchos clubs tienen barreras culturales y de presión popular que les impiden adoptar técnicas modernas estadísticas de valoración de los jugadores y llevarlas hasta sus últimas consecuencias, al estilo de Billy Beane. Cuando un club lo hace, y ficha no necesariamente a los jugadores más demandados por los hinchas, sino a los que más pueden mejorar el rendimiento del equipo aunque sean desconocidos o impopulares, este club puede lograr una ventaja competitiva, por lo menos temporalmente, como hicieron los Oakland A's. Sin embargo, los Oakland A's del fútbol probablemente sean equipos de mercados pequeños con una presión popular relativamente menor en comparación con los grandes clubs. El R. Madrid, el Barça y el Manchester United no se pueden permitir fichar a desconocidos y vender viejas glorias populares porque sus fans y los medios de comunicación que compiten por hacerles felices no se lo permitirían. Aunque quizás no importe mucho (para sus fans, aunque sí para el conjunto de la sociedad por el desperdicio de recursos que supone, por lo menos hasta hace poco) porque gracias a su enorme capacidad financiera en comparación con equipos más eficientes en el mercado de fichajes (como el Sevilla, el Oporto y el Olympique de Lyon, los Oakland A's del fútbol), pueden retener más fácilmente a sus estrellas contrastadas y fichar tanto que con solo una mitad o un tercio de éxito en sus fichajes se pueden mantener en lo más alto de la élite.

Johan Cruyff no suscribía los argumentos de *Moneyball*. Decía que encontraba terrible que se rechazaran talentos basándose en estadísticas informatizadas: "Basándonos en los criterios que se utilizan ahora en el Ajax, yo habría sido rechazado. Cuando tenía 15 años, no podía disparar un balón a 15 metros con mi pierna izquierda y quizás 20 metros con la derecha. Mis cualidades de técnica y visión no son detectables por un ordenador". El gran estadístico norteamericano Nate Silver, director de la página web sobre predicciones políticas y deportivas (más fáciles las primeras que las segundas) *Five Thrity Eight* y autor del libro *The Signal and the Noise*, le da en parte la razón a Cruyff. Dice que el gran problema de basarlo todo en estadísticas es que no todo es fácilmente medible y que, por tanto, la aportación de los *scouts* (menospreciados en *Moneyball*) también es valiosa, por ejemplo para evaluar la preparación mental de los deportistas, aunque debe haber mecanismos correctores de sus sesgos y prejuicios. Al final, una buena combinación de criterios cuantitativos y cualitativos es necesaria, sin olvidar los increíbles avances que se producen en inteligencia artificial, que permiten cada vez más medir y cuantificar fenómenos aparentemente cualitativos, como imágenes y textos, y realizar predicciones a partir de ellos. El fenómeno del *big data* no es solo una cuestión de tener a nuestra disposición una cantidad mucho mayor de datos, sino también una cuestión cualitativa. Las técnicas modernas van a permitir, ya están permitiendo, tratar datos de naturaleza distinta. Si las técnicas de aprendizaje computacional van a posibilitar que los coches no lleven conductor o van a permitir traducir textos de cualquier tipo de un idioma a otro, presumiblemente también van a permitir en un futuro medir la capacidad técnica y de visión de un genio como Johan Cruyff, o la capacidad intuitiva neuromuscular de humanos superdotados como Leo Messi para evitar lesiones cuando chocan contra un rival.

Las técnicas estadísticas, como cualquier disciplina científica, son susceptibles de mejora. El debate entre estadísticos y expertos en baloncesto sobre el fenómeno de la muñeca o la mano caliente ("*the hot hand*") todavía no está cerrado, lo que implica que nos sigue costando distinguir lo que es una buena o una mala racha (algo aleatorio) de una mejora o un deterioro en la calidad de un profesional o un grupo de profesionales. En el fútbol todo es más fluido y aleatorio que en el baloncesto o en otros deportes como el fútbol americano y el tenis. La estadística y las técnicas computacionales tienen mucho camino por recorrer, pero en buena parte ya lo están recorriendo.

La toma de decisiones en el mercado de fichajes de muchos clubs es un ejemplo de populismo o exceso de atención a la voluntad popular en el corto plazo en detrimento de lo que va en el interés de los aficionados (y de la sociedad en general) en el largo plazo. La decisión *make or buy* en los clubs de fútbol se ve distorsionada por ello, en detrimento de la decisión *make*, es decir, de cultivar las canteras. El ejemplo del Barça, y sus dificultades en los últimos años para sostener un modelo basado en una mayoría de jugadores formados *in-house*, revela las dificultades del modelo hoy y de su sostenibilidad futura. Pese a que el equipo azulgrana ganó la *Youth League* europea en 2014 y 2018, no consigue que se estabilicen en el primer equipo nuevos jugadores de la cantera desde hace años. La presión por los resultados ha alcanzado de una forma un tanto absurda al equipo filial, el Barça B, que ha tenido cuatro entrenadores en cuatro años y que ha cesado a dos de ellos antes de finalizar la temporada, al tiempo que se fichaban decenas de jugadores de más de 20 años para hacer supuestamente más competitivo al equipo de segunda división A o B. Con seis entrenadores en los últimos 10 años en el primer equipo, o con cuatro entrenadores en cuatro años en el equipo filial, siempre amenazados por el riesgo de una mala racha de resultados, es difícil que los técnicos tengan la visión a largo plazo suficiente para arriesgar y dar oportunidades a los jugadores jóvenes de la casa, que además fácilmente reciben ofertas de otras ligas a edades bien jóvenes. Si esto es lo que ocurre en un equipo con más estabilidad en los banquillos que otros, y con un mayor porcentaje todavía de jugadores de la cantera en la plantilla, mucha menos visión de futuro es de esperar en la mayoría de clubs, menos estables y con proyectos formativos más débiles todavía.

El mercado de fichajes también distorsiona la estimación por parte de los clubs de la edad ideal de los futbolistas y la edad ideal de fichar o vender un jugador. Esta estimación se ve interferida por la práctica de los jugadores propiedad de terceras partes, que facilita la adquisición y retención de jugadores por parte de clubs intermedios o modestos, que a su vez es fruto de las desigualdades y la irracionalidad del mercado de fichajes. Pero no es su causa. La práctica de la propiedad de terceros, hoy prohibida por la FIFA (aunque siga practicándose de forma no transparente) es una forma de que los derechos de los jugadores puedan ser compartidos por empresas que no son los clubs: este mecanismo ayudó al At. de Madrid a adquirir al colombiano Falcao e introdujo a los argentinos Mascherano y Tévez en el fútbol inglés y, por tanto, europeo. Los dirigentes de las ligas española y portuguesa son grandes defensores del mecanismo, pues consideran que ayuda a los clubs de sus competiciones a ser competitivos ante el músculo financiero de los grandes clubs y de los de la Premier League inglesa. Los detractores del mecanismo utilizan argumentos parecidos a lo que los economistas denominan "mercados repugnantes", argumentos que también se han utilizado por parte de quienes desean abolir la prostitución o los mercados de órganos o impedir el comercio de bebés. El argumento tiene muy válida aplicación para la prohibición del tráfico de niños futbolistas, y fue utilizado por la FIFA cuando prohibió los traspasos de jugadores menores de 18 años. Un libro reciente (*The away game: the epic search for soccer's next superstars,* de Sebastian Abbot) explica las luces y las sombras del programa de la Academia Aspire catarí por el que intentaba reclutar a los niños más prometedores del continente africano. Aunque algunos economistas puedan pensar que mientras las partes deseen voluntariamente intercambiar algo, el intercambio debería ser permitido, hay por lo menos dos razones por las que esto no debería ser automáticamente así. En primer lugar, la pobreza o el desequilibrio de poder pueden forzar a personas a entrar en una transacción de la que se pueden arrepentir con posterioridad. En segundo lugar, muchos pueden creer legítimamente que ponerle precio a un bebé, o a un órgano del cuerpo, viola un principio de dignidad humana y corrompe nuestras actitudes hacia otros, desplazando motivaciones intrínsecas como las normas sociales o las preferencias éticas. Ciertamente, la sociedad en su conjunto tiene derecho a imponer límites morales a los mercados, aunque lo cierto es que en el fútbol ya se produce el intercambio de seres humanos, e incluso en ausencia formal de propiedad de terceras partes (TPO) los todopoderosos agentes y las grandes multinacionales ya actúan con un poder parecido.

El debate sobre la TPO suscita la cuestión de si están justificadas todas las flexibilizaciones y restricciones de la libertad de empresa en el deporte, por ejemplo precisamente la prohibición de la FIFA de la

TPO. Los críticos de la prohibición sugieren que son protecciones a potenciales perdedores, protecciones a competidores más que protecciones a la competencia. ¿No será más eficiente protegerles sin interferir en el mercado, por ejemplo mediante transferencias directas? El análisis de la proporcionalidad de las restricciones requiere un enfoque pluridisciplinar, por ejemplo tener en cuenta cuestiones éticas que diriman sobre el grado de repugnancia de ciertos mercados y a la vez analicen mercados relacionados como el de agentes y su creciente concentración en pocas manos.

Pero en muchos casos, los gobiernos, lejos de intentar introducir límites morales a determinados aspectos del mercado de fichajes, intervienen en él para favorecer a sus "campeones nacionales". Lo hizo el Gobierno español (sin que hubiera manifestaciones populares en contra) con la llamada *ley Beckham* en 2005 y lo hicieron leyes parecidas en Bélgica y Dinamarca, estudiadas por los economistas Kleven y Sáez y sus coautores. Estas prácticas fiscales son ejemplos de competencia fiscal y del beneficio que esta produce a los clubs de los países que la practican, y el coste que supone para los contribuyentes, medido mediante lo que se conoce como curva de Laffer. Esta curva muestra la relación existente entre tipos impositivos e ingresos derivados de un impuesto. Al tener una forma cóncava, hay un nivel de tipo impositivo que maximiza los ingresos fiscales. Más allá de este nivel, los ingresos se reducen porque quienes tienen que pagar el impuesto reducen su nivel de actividad asociada al impuesto, o tienen mayores incentivos para incurrir en evasión o elusión fiscal. A la izquierda del nivel óptimo, los tipos se pueden aumentar y al mismo tiempo también los ingresos impositivos. Los economistas que estudiaron estas prácticas de competencia fiscal, por la que los gobiernos reducían los impuestos que debían pagar las estrellas extranjeras del deporte, llegaron a la conclusión de que estos privilegios fiscales fueron eficaces en desviar hacia sus países el tráfico de grandes estrellas del balón. Este desvío tuvo un impacto positivo sobre el éxito de los principales clubs de estos países en las competiciones europeas (por ejemplo, los equipos españoles empezaron a superar a los equipos italianos), pero un impacto significativamente negativo sobre los ingresos fiscales de sus países. El contribuyente español, fuera forofo del fútbol o no, contribuyó a los éxitos del R. Madrid y el Barça en la Champions League. En este caso, el fútbol fue en detrimento del pan.

Finalmente, el mercado exuberante de fichajes también facilita en ocasiones la corrupción asociada a transacciones internacionales opacas (compañías *offshore,* uso de paraísos fiscales, lavado de dinero, casos de evasión y elusión fiscal, etc.), solo transparentadas cuando fuentes de información como el sitio web Football Leaks han puesto a disposición del público los detalles y las cantidades asociadas a algunos contratos. Para que la sociedad a largo plazo siga aceptando la exuberancia del fútbol, el argumento de Milanovic de que hay que controlar la globalización con instituciones, debería llevarse mucho más allá de la institución de las selecciones nacionales.

Capítulo 2

El armazón institucional del fútbol global

FIFA cannot sit by and see greed rule the world[12].
Sepp Blatter (según Brainy Quote)

2.1. Introducción

En los últimos años, la Premier League inglesa se ha consolidado como la liga nacional de fútbol más exitosa del planeta. La Liga española teme perder a sus mejores jugadores y entrenadores, que emigran a la liga inglesa porque les ofrecen mejores condiciones económicas. Según *The Economist*, lo que se paga en derechos de televisión por la Premier League casi ha duplicado en el pasado reciente lo que se paga por la Liga española o por la Bundesliga alemana.

Inglaterra consiguió a finales del siglo XX erradicar exitosamente, en gran parte, la violencia de sus estadios. Hoy es más seguro ir a un estadio inglés, que a uno italiano o incluso a uno español. Se consiguió tras el impacto que supusieron catástrofes violentas con muertos a finales del siglo XX, que acabaron acarreando la suspensión temporal de jugar en competiciones europeas. Estos hechos consiguieron catalizar la coordinación de clubs y autoridades y poner en marcha un plan que tenía vertientes policiales y de construcción o remodelación de estadios. Las instituciones públicas y privadas existentes estuvieron a la altura y pusieron de manifiesto la importancia de las reputaciones colectivas. Estas constituyen un ejemplo de lo que los economistas denominan "bienes colectivos" o bienes públi-

12. La FIFA no puede quedarse sentada viendo como la avaricia gobierna el mundo.

cos, es decir, aquellos bienes que una vez producidos están disponibles para todo el mundo sin barreras de exclusión ni rivalidad. Estas características hacen que estos bienes sean difíciles de proveer en primera instancia, porque cualquier persona que pueda beneficiarse de ellos esperará que sea otro quien asuma el coste de su construcción, puesto que anticipa que podrá disfrutar de ellos gratuitamente. Se necesita habitualmente algún hecho que actúe como catalizador para que todas las partes asuman el coste de construir un bien colectivo. En el caso inglés, parece que la reducción significativa de la violencia se consiguió por la concienciación simultánea de todas las partes del enorme coste que suponía para los clubs, la liga y la sociedad en general el *hooliganismo*.

La liga inglesa es un ejemplo de un organismo exitoso. El rol de las instituciones en economía y el deporte es el de establecer estructuras y reglas de juego que faciliten la interacción entre las personas y agentes económicos. Para entender por qué las instituciones son importantes, imagínese por un momento cómo sería el fútbol sin clubs, ligas ni federaciones. Consistiría, posiblemente, en individuos aislados que se buscarían en un parque para jugar a fútbol en su tiempo libre, sin una organización ni una garantía de continuidad. No funcionaría, o no habría llegado nunca a ser el deporte organizado más exitoso del mundo.

La Premier League no es el único caso de éxito. La misma FIFA, a pesar de los enormes problemas de corrupción que arrastra, es un ejemplo de éxito. Ha conseguido que el fútbol sea el deporte que se ha globalizado y unificado con más éxito. Otros deportes envidian el carácter monopolístico y global de la FIFA. Ninguna región del mundo ni ninguna competición futbolística quiere apartarse de su paraguas. El fútbol americano intentó expandirse internacionalmente con una liga europea que se inició en 1991, y que tuvo que cerrar en 2007 porque era una ruina financiera y comercial. Aunque la idea de una liga europea se anticipaba a lo que quizás debería ser el futuro de los deportes auténticamente europeos, ese campeonato de fútbol americano pretendía empezar la casa por la ventana, sin dedicarse previamente a nutrir una cantera de jugadores jóvenes y unas comunidades interesadas en ese deporte. Pero eso es muy difícil de hacer por parte de unos dirigentes que se encuentran en otro continente y que han desarrollado un modelo de negocio basado exclusivamente en la promoción lucrativa del deporte profesional. Sin entender el éxito global de la FIFA, a través de su poder como paraguas a la vez del fútbol *amateur* y profesional, es difícil entender su cara oscura.

Cuando el FBI norteamericano hizo pública en 2015 su investigación sobre la corrupción en la FIFA, dijo que sus dirigentes se habían comportado como una "organización criminal". No hay que descartar que el interés súbito de Estados Unidos por la FIFA fuera resultado de la derrota de la candidatura de Estados Unidos para organizar el mundial, apoyada por pesos pesados como Bill Clinton y Henry Kissinger, en detrimento de Rusia y Catar. Pero la existencia de fenómenos de corrupción en el organismo de gobierno global del fútbol parece fuera de discusión. Es bien conocido que las organizaciones criminales exitosas se basan en complejas y sofisticadas instituciones, que resuelven de forma eficiente sus problemas internos de cooperación y coordinación. La organización de los barcos piratas del siglo XVII y XVIII es un ejemplo bien conocido, como lo es en tiempos más modernos la mafia siciliana. Los barcos piratas, que obviamente actuaban fuera de la ley, no podían confiar en la actuación del Estado para preservar su orden interno y hacer cumplir los acuerdos entre piratas. Por ello, desarrollaban detallados códigos de conducta con pesos y contrapesos, y con formas democráticas de toma de decisiones y elección de sus líderes, que antecedieron incluso a la adopción de estos mecanismos por los Estados tras la Revolución Americana y la Revolución Francesa. Aunque los organismos de gobierno del fútbol no tienen el carácter violento de los piratas o la mafia, sí han desarrollado cierta sofisticación y un enorme poder (en gran parte al margen del Estado), del que en algunos casos parece que han abusado mediante prácticas de corrupción.

Ronald Coase fue probablemente el primer economista que se planteó la pregunta de por qué, si los mercados son tan eficientes, hay empresas, y en general otras grandes instituciones y organizaciones jerárquicas, en cuyo interior los recursos se asignan por métodos distintos de los del libre intercambio y el mecanismo de precios. Es interesante resaltar en este sentido que el éxito de la globalización del fútbol está lejos de ser un estudio de caso del éxito de los mercados, entendidos como la libre interacción de seres atomizados. Por el contrario, la globalización del fútbol está protagonizada por instituciones y organizaciones jerárquicas muy potentes, como clubs, ligas y federaciones. Y también por instituciones no formales como rivalidades, hinchadas y códigos de honor. Si las únicas instituciones que funcionaran fueran las de tipo formal, que están basadas en reglamentos escritos, no se entendería por qué en muchas especies animales las instituciones (las estructuras estables de cooperación y coordinación) también son muy importantes, por ejemplo en los primates, los insectos sociales (las hormigas o las abejas), las aves migratorias, los peces y los paquidermos. Las instituciones formales y no formales del fútbol se alejan mucho del paradigma de la empresa capitalista atomizada que actúa en mercados competitivos basados en la propiedad privada en la que las decisiones se basan en el mecanismo de los precios.

2.2. Clubs

Los clubs de fútbol son la unidad básica de la cadena de instituciones que forman la jerarquía del fútbol globalizado. Los clubs facilitan la coordinación y la cooperación entre deportistas y otras personas con las que establecen un conjunto de relaciones: aficionados, directivos, entrenadores, trabajadores, etc. Los clubs proporcionan una identidad colectiva que apela a sentimientos muy primarios y facilitan las economías de escala para utilizar instalaciones y servicios de tipo sanitario, financiero o jurídico. De puertas hacia afuera, los clubs se relacionan con el resto del entramado institucional a través de competiciones estructuradas, de federaciones o de relaciones bilaterales con otros clubs y organizaciones.

Los clubs tienen sus orígenes en las agrupaciones de caballeros que proliferaron inicialmente en Inglaterra en la Edad Moderna y que fueron una de las señas de identidad de los nuevos tiempos, que dejaban atrás el absolutismo y que abrían, con el protagonismo de personajes de las nuevas clases acomodadas, el camino hacia nuevas libertades, fuera de la disciplina del Estado y el poder político. Ellos fueron, conjuntamente con algunos centros escolares que pretendían disciplinar a la juventud, quienes codificaron las reglas de la mayoría de deportes actuales, incluido el fútbol. Ya organizados en ligas abiertas (con ascensos y descensos), los clubs desde el siglo XX se han caracterizado por tres rasgos bastante persistentes: su estabilidad dentro de la diversidad, su polarización y sus problemas financieros (su tendencia al endeudamiento).

Los principales clubs de fútbol de cada país son prácticamente los mismos desde hace muchos años. Es inusual en otros sectores económicos que los principales competidores sean los mismos al cabo de décadas. La principal razón es, sin duda, la estabilidad y la continuidad de sus aficiones, gracias a cuyo peso demográfico, comercial y político, los grandes clubs pueden sortear sus malos momentos. Esta estabilidad se produce sin embargo, especialmente en la actualidad, en un contexto de gran diversidad. Algunos son propiedad de familias, otros de grandes inversores, otros cotizan en Bolsa con un accionariado por lo menos en parte disperso, y otros (como el Barça y el R. Madrid) son propiedad de sus socios, que, sin embargo, no pueden venderse su carnet. En aquellos que funcionan de una forma parecida a una empresa capitalista, hay una tendencia a la concentración de la propiedad, ya que probablemente los propietarios están dispuestos a aceptar un riesgo mayor que en otros sectores a cambio de disfrutar de una mayor retribución para su ego, o de satisfacer otros objetivos de tipo deportivo, personal o político. En aquellos que funcionan como entidades no lucrativas, la renuncia al beneficio es explícita. Y, por supuesto, el carácter no lucrativo no se limita sólo a algunas entidades (en Alemania la forma dominante consiste en una combinación de asociaciones de miembros e inversores privados, pero estos últimos no pueden alcanzar la mitad de los votos en la toma de decisiones), sino que afecta también a ligas y federaciones. La gran presencia de la forma no lucrativa en el deporte, o por lo menos la diversidad de objetivos, se debe a que, a diferencia de otros sectores económicos, los dueños de clubs no están ahí para ganar dinero y con ese dinero (separadamente) satisfacer sus aspiraciones de consumo, sino que están en el fútbol directamente para satisfacer sus preferencias de *consumo*, ya sean deportivas o de otro tipo. Los magnates de países no democráticos quizás estén ahí para lavar su reputación ética o democrática, los socios de equipos alternativos como el Sankt Paoli alemán para expresar su apuesta por una sociedad distinta, y los socios del Barça y el R. Madrid para conseguir objetivos deportivos (o identitarios). Esta diversidad refleja la riqueza de nuestras economías y sociedades complejas.

La gran variedad de formas de club alcanza al modelo de propiedad o alquiler del estadio. La propiedad de la infraestructura permite una mayor autonomía financiera, pero requiere grandes inversiones de construcción o remodelación. El deseo de los clubs de tener estadios sin pista de atletismo está menos justificado en los tiempos actuales en que los mejores arbitrajes y la tecnología reducen la influencia del público sobre el arbitraje. El RCD Espanyol ha cambiado dos veces de estadio en las últimas décadas (y en 1982 remodeló el estadio con ocasión del mundial de España) sin que haya habido más cambios sistemáticos en su ventaja de jugar en casa que el declive de la tendencia temporal en esa ventaja que se observa en todo el fútbol. El Arsenal ha conseguido una gran autonomía financiera, pero no parece que sus resultados hayan mejorado tras la construcción del estadio Emirates (anteriormente jugaba la liga en un estadio propio más pequeño y la Champions League en Wembley, propiedad de la federación inglesa).

Una experiencia interesante que habrá que ver si se expande es la de clubs con equipos en varios países (como el Manchester City, que tiene franquicias en Estados Unidos y Australia e intereses en el Girona): una estrategia interesante que puede dar lugar a preocupaciones de defensa de la competencia cuando se poseen equipos que pueden competir entre ellos. Esto en teoría podría ocurrir con cualquier par de equipos del mundo dada la existencia del Mundial de Clubs, pero en la práctica debería dar lugar a preocupaciones mayores cuanto más probable sea que se enfrenten los dos equipos pertenecientes a un mismo club (por ejemplo el Manchester City y el Girona en las competiciones europeas).

Dentro de la variedad de clubs de fútbol se da la paradoja de que en los españoles que tienen forma legal de entidad no lucrativa es muy difícil que una persona que no sea de clase alta acceda a la directiva del club o incluso tenga la presidencia. Ello es debido a la necesidad de los directivos de presentar avales para cubrir su responsabilidad en caso de mala gestión financiera. En cambio, esta restricción no existe para los clubs que son sociedades anónimas deportivas. Muchos se preguntan qué perdió el Barça al no poder ser alguien como

Ernest Lluch (el político, catedrático de economía y socio del Barça que impulsó la reforma de la sanidad en España) presidente, u otras personalidades destacas del ámbito académico o civil con experiencia de gestión. Sí lo pudo ser, en cambio, el catedrático de economía Eduardo Bandrés en el Zaragoza (aunque al equipo no le fue muy bien).

El caso del Real Madrid ilustra perfectamente la paradoja de que los clubs no lucrativos tienen presidentes más oligárquicos que los organizados como empresas lucrativas. Durante muchos años, uno de las personas más ricas y poderosos de España, Florentino Pérez (empresario del sector de la construcción), ha sido el presidente del equipo blanco. Caben pocas dudas de su gran éxito, liderando la conversión de su club en una gran marca global y consolidando la transición de lo que fue probablemente un equipo del régimen en una gran potencia multinacional.

Por otro lado, la polarización entre clubs grandes y pequeños siempre ha sido una realidad. El Barça y el R. Madrid han sido dominantes desde hace muchas décadas en España: la razón de fondo es que tienen muchos más aficionados. Equipos como el Manchester United, el Bayern de Múnich y Juventus no han empezado a dominar sus ligas nacionales hace dos días. Lo que ha cambiado en el pasado reciente es que esta polarización nacional se ha visto reforzada por la polarización continental. El dominio nacional asegura un pie en la Champions League, y el dinero de la Champions League permite perpetuar el dominio nacional. La Champions League está dominada por un pequeño grupo de equipos que no ha cambiado mucho en los últimos años. Desde 1995 hasta la actualidad solo el Ajax de Ámsterdam (en 1995) y el Oporto (en 2004) han roto la hegemonía de los equipos de las cuatro grandes ligas (Inglaterra, España, Italia y Alemania). El dilema que se plantea es si la única forma de introducir más clubs que compitan en lo más alto tiene que ser la aceptación de nuevas inversiones vengan de donde vengan. En España, por ejemplo, en los últimos años ha emergido un tercer gran competidor (el Atlético de Madrid) que acompaña al Barça y al R. Madrid en lo más alto, y esto ha beneficiado el espectáculo y el valor de la Liga y la Champions League. Pero el ascenso del At. Madrid se ha conseguido, entre otros factores como el exitoso y duradero liderazgo de su entrenador Diego Pablo Simeone, gracias a la propiedad de terceras partes (que permitió financiar fichajes como el de Falcao) y a recursos públicos de un país como Azerbaiyán con el propósito probable de lavar su mala reputación democrática. La presencia en su accionariado del gran conglomerado chino Wanda, que da nombre a su nuevo estadio, duró lo que duró la estabilidad financiera de esta gran empresa, que vendió recientemente sus acciones. Si se acepta, como *de facto* se está haciendo, que este dinero externo al fútbol (y a las sociedades democráticas) es el que financie una mayor competitividad, deberá someterse a reglas de total transparencia, incluyendo regímenes fiscales (pago riguroso de impuestos) que permitan a las sociedades donde están radicados los clubs beneficiarse de las inversiones. Por otra parte, también es perfectamente legítimo argumentar que no es obvio que haya que preocuparse más por la procedencia de los recursos de Kazajistán o Wanda que por la procedencia de los recursos de Jesús Gil y Gil.

2.3. Ligas

En todos los deportes organizados ocupan un lugar especial las entidades encargadas de poner en marcha y estructurar las competiciones, como el Tour en ciclismo, Wimbledon en tenis y los grandes torneos de golf. En el fútbol moderno, los principales organizadores de torneos, sin tener la exclusividad, son las ligas. Estas entidades pueden tener una mayor o menor personalidad con relación a los clubs y las federaciones. En el pasado, estaban absorbidas en las federaciones, y han ido ganando autonomía (aunque la Champions League todavía está dirigida por la UEFA). En casos extremos inusuales, la liga puede contratar a los deportistas y asignarlos a equipos. En la mayoría de ligas europeas, las nacionales tienen personalidad propia, pero comparten su protagonismo con las federaciones y los clubs. La liga como organización está a cargo de organizar la liga como producto. Su rol económico es parecido al de una *joint venture*, en la cual cooperan una serie de rivales para desarrollar bienes colectivos de interés común, como sería el caso de la investigación en nuevos productos en el sector farmacéutico. Un ejemplo parecido es el de los centros comerciales, donde se cobijan empresas o tiendas que pueden competir entre ellas pero que ponen en común inversiones, horarios, promoción, seguridad, etc.

Dos grandes grupos de diferencias entre las ligas de fútbol europeas (y de otras regiones) y las de deportes profesionales en Estados Unidos son el carácter abierto o cerrado de estas, por una parte, y la existencia mucho más destacada de restricciones competitivas en el caso norteamericano.

La mayoría de las ligas nacionales de fútbol, y en especial las europeas, son abiertas. Lo son en un doble sentido. En primer lugar, son abiertas en cuanto a su composición, porque la disputan cada año equipos en parte distintos debido a los mecanismos de ascensos y descensos. Y, en segundo lugar, son abiertas porque los equipos y sus deportistas pueden *salirse* esporádicamente para disputar otras competiciones, como los torneos de Copa y las competiciones continentales. Nada de esto ocurre en ligas norteamericanas como la NBA en baloncesto y la NFL en fútbol americano, en las que son cerradas, en el doble sentido de no estar sometidas a ascensos y descensos (proporcionan una dosis parecida de emoción final a través de los *play-offs*), y en el sentido de monopolizar casi totalmente el tiempo y los derechos sobre clubs y deportistas. La principal consecuencia de la existencia de ligas abiertas es que los clubs de fútbol basados en el modelo europeo están sometidos a un riesgo financiero mucho mayor, ya que las diferencias de ingresos entre una categoría u otra, o entre jugar o no las competiciones europeas, son enormes.

Las ligas profesionales de deportes en Estados Unidos en fútbol americano, béisbol y baloncesto están sometidas a muchas más restricciones competitivas que las ligas europeas de fútbol o aquellas que se basan en su modelo. Los clubs no compiten con absoluta libertad por los jugadores en el mercado de fichajes, sino que se someten al sistema del *draft*, por el que los equipos más débiles de la temporada anterior son los primeros en elegir a los nuevos jugadores disponibles en el mercado. O existe un reparto mucho más equitativo de los derechos de retransmisiones televisivas, y en algunos casos incluso se comparten los ingresos por taquilla. Los límites salariales son mucho más estrictos que en Europa y sirven de elemento de colusión entre los grandes clubs.

Estos dos paquetes de características son complementarios. Las restricciones a la competencia, por ejemplo, son más fáciles de acordar cuando no se teme perder la categoría, porque suponen renunciar a instrumentos para derrotar a los rivales. Debido a esta complementariedad, es difícil pretender introducir un elemento del paquete institucional y no otros, porque se refuerzan mutuamente. Algunos han interpretado las diferencias entre ligas europeas y norteamericanas como la paradoja de una Europa más capitalista y una América más socialista en el deporte, pero en realidad estamos hablando de dos formas distintas de combinar mercado con organización colectiva. En Estados Unidos, una serie de organizaciones con ánimo de lucro se ponen de acuerdo para introducir elementos igualadores y colectivizantes, para conseguir un tamaño mayor de la tarta. En el caso europeo, una serie de organizaciones que tienen sus orígenes en el deporte aficionado, basadas en principios igualitaristas que conducen a la noción casi sagrada de la posibilidad para todos de llegar a lo más alto mediante los ascensos (y a la pervivencia de los torneos de copa), prefieren mantener el carácter abierto de las ligas, lo que dificulta mucho más los acuerdos colusivos.

No hay un modelo mejor que el otro, sino que son dos realidades que han evolucionado en paralelo para responder a las preferencias de los aficionados partiendo de realidades distintas en contextos diferentes, y en las que cada una ha ido resolviendo los problemas que se iba encontrando por el camino.

Otra diferencia es la distinta escala de las ligas. Las norteamericanas tienen escala continental, mientras que la mayoría de las nacionales europeas tienen una dimensión territorial mucho más pequeña. Las competiciones europeas, y en especial la exitosa Champions League, se solapan con las nacionales y están a medio camino entre una competición por eliminatorias y una auténtica liga, y excepto en la final de la Champions, están relegadas a jugarse entre semana. Además, siguiendo criterios de distribución territorial, el acceso a la Champions League no es totalmente meritocrático, porque el sistema sigue garantizando una cuota de presencia para equipos relativamente débiles que vienen de ligas menos competitivas. Curiosamente o no, los dirigentes europeos del fútbol, tanto de las federaciones nacionales como de la UEFA (el organismo de gobierno europeo), se han resistido (desde los inicios de la Copa de Europa) a los distintos esfuerzos por introducir una competición europea potente, pese al enorme potencial en términos de creación de un producto tremendamente demandado. Y también se han resistido a los esfuerzos por debilitar el carácter balcanizado de las competiciones nacionales, con la creación de ligas como la Atlántica o la del Benelux, que agruparía a equipos históricos que ahora juegan en ligas demasiado pequeñas para ser competitivos en el mercado global de fichajes. Esto permitiría a estos equipos históricos (como el Celtic y el Ajax) recuperar el músculo financiero necesario para luchar de nuevo de forma creíble por los títulos europeos, con lo que se corregiría la tendencia reciente hacia una mayor polarización continental. No sería el primer terreno en el que se crean jurisdicciones que se solapan con las fronteras de las administraciones tradicionales por razones de eficiencia. En el sector eléctrico, por ejemplo, los operadores del sistema que gestionan redes de alta tensión y los intercambios que las utilizan, se han organizado de modo regional y superan fronteras administrativas. Es el caso del sistema PJM en Estados Unidos (que agrupa territorios de varios Estados); del NordPool, que agrupa a varios países escandinavos, y del sistema eléctrico irlandés, que agrupa a toda la isla de Irlanda (y que es una de las eficiencias que se perderían en caso de un Brexit duro). La idea de crear jurisdicciones por razones de eficiencia, separadas o solapadas respecto al resto del mapa administrativo-territorial, está también detrás de la propuesta del economista suizo Bruno Frey, que propone extender la idea a cualquier sector en el que haya una masa crítica de ciudadanos dispuesta a organizarse para servicios concretos, en lo que llama FOCJ (*Functional, Overlapping, Competing Jurisdictions*, jurisdicciones competidoras solapadas y funcionales). Algo parecido viene funcionando desde hace décadas en Estados Unidos con los llamados distritos especiales, que gestionan la educación, el agua y el transporte público, y que raramente coinciden con las fronteras administrativas territoriales. Estos distritos especiales tienen la ventaja de la funcionalidad y la eficiencia de escala, pero tienen los inconvenientes de la posibilidad de duplicar costes fijos entre Administraciones, y de las dificultades de rendición de cuentas al atraer solo la atención de aquellos sectores cuyos intereses están más directamente vinculados a las decisiones del distrito especial. En el caso europeo, estos inconvenientes podrían quedar mitigados si las ligas regionales nuevas que se crearan fueran supervisadas por las autoridades europeas para garantizar su rendición de cuentas, y si compartieran el poder y, por tanto, los costes fijos de gestión con la UEFA y las federaciones nacionales.

Todos los deportes tratan de organizar competiciones en las que participen los mejores deportistas, de ahí, por ejemplo, el gran éxito del mundial de fútbol y los Juegos Olímpicos. En Europa no hay duda de que hay margen para caminar en esta dirección en el fútbol, ya sea con la creación de una superliga europea que no tendría por qué ser cerrada para respetar la tradición del deporte europeo; mediante la ampliación de una de las ligas nacionales actuales, como la Premier League, o mediante la ampliación del Mundial de Clubs. En una liga europea que jugaran ocho equipos, por ejemplo R. Madrid, Juventus, Liverpool, Manchester City, Manchester United (o Sevilla), Bayern de Múnich, FC Barcelona y AS Roma (o At. Madrid), a dos vueltas (con la Navidad y el mes de enero entre ellas), habría los mismos partidos que tienen que jugar aquellos de estos equipos que lleguen hasta la final que han jugado en la Champions League o en la Europa League en la temporada 2017-18, pero a diferencia de lo que ocurre ahora, todos los partidos serían al más alto nivel, con lo que la calidad de los partidos aumentaría y, por tanto, lo haría también la generación de valor y riqueza, que se podría distribuir entre los protagonistas y redistribuir hacia el resto del mundo del fútbol y a la sociedad en general. Los mismos equipos mencionados más arriba, más los mejores equipos de otras regiones del mundo, participarían en un mundial de clubs ampliado cada cuatro años por el que la FIFA parece haber recibido recientemente una gran oferta financiera por parte de un grupo de inversores. Este movimiento parece demostrar que existe "dinero encima de la mesa", es decir, una ineficiencia en el sentido de que existen hoy los medios para crear valor para los consumidores, pero el proyecto no termina de llevarse a cabo de momento por razones distributivas e institucionales. El reto para el mundo de fútbol es crear los mecanismos institucionales que solventen los conflictos por el reparto del valor creado y así hacer posible la creación de dicho valor. Si se opta por transformar una liga nacional en una liga europea, o por ampliar la actual Champions

League, o por ampliar el Mundial de Clubs, dependerá de cuál de las instituciones existentes impone su modelo. A la lucha distributiva por repartir el valor entre los potenciales perdedores relativos (los clubs modestos) se une la lucha sin cuartel por ver cuál de las actuales grandes instituciones (la Premier League, los grandes clubs, la UEFA o la FIFA) se hará con los derechos de propiedad de los nuevos formatos de competición. Lo que es difícil de discutir es que la estructura de competiciones del fútbol global no está cerrada, sino en permanente evolución. En el pasado se crearon competiciones como la Champions League y han desaparecido competiciones (como la Recopa, que reunió en Europa a los campeones de Copa) y otras han tenido una existencia efímera (como la Copa de la Liga en España). En el futuro seguirá siendo así.

El debate sobre la estructura de las ligas se centra mucho en la cuestión del equilibrio competitivo entre equipos. A los clubs se les deja cooperar en ligas (es decir, se les exime de la aplicación rigurosa de la defensa de la competencia) porque se supone que con la liga y sus restricciones a la libre competencia (pactos de horarios, negociación conjunta de derechos de televisión) crean un producto mejor. Aunque ya se ha dicho cuando más arriba se ha hablado de la demanda que no está muy claro el impacto del equilibrio competitivo en el bienestar de los consumidores, lo que sí está bastante claro es que este bienestar aumenta con la calidad de los partidos, y esta aumentaría con una superliga europea de como mínimo ocho equipos que se enfrentan todos contra todos a dos vueltas en las mismas jornadas que ahora ocupa la Champions League (algunas de las cuáles podrían trasladarse al fin de semana para aumentar las audiencias y la disponibilidad a pagar de los espectadores que van al estadio). Lo que genera ineficiencia ahora en el fútbol europeo no es la falta de más restricciones a la competencia como las que existen en Estados Unidos (como el *draft* inicial de jugadores), sino las barreras institucionales que impiden la creación de ligas supranacionales, con una liga por encima de todas ellas, que debería ser la última aspiración de cualquier equipo, como sería una superliga europea. Lo que se conoce en la teoría económica del deporte como la *invariance proposition* (proposición de invariancia, un anticipo en la década de 1950 de lo que sería llamado poco tiempo después el Teorema de Coase, un razonamiento parecido pero de carácter más general) sugiere que las formas de organizar las ligas al final no alteran la distribución de talento entre los equipos, porque los buenos jugadores tienden a ir a los buenos equipos, y en general los jugadores se asignan por medio de mecanismos de intercambio a aquellos equipos que encajan más con sus características. Distintos mecanismos de restricciones a la competencia o su ausencia lo que hacen cambiar es quién se lleva las ganancias finales de los intercambios (por ejemplo, si los jugadores o los clubs), pero no alteran la asignación de talentos y, por tanto, el grado de polarización. Lo que impide en este momento que se cree valor adicional en Europa es la estructura balcanizada de ligas y la ausencia de una superliga europea, y no las reglas institucionales internas de cada liga.

Las ligas abiertas favorecen la emoción en el doble sentido del suspense por los ascensos y descensos, y porque debido a la pluralidad de competiciones, cuando una pierde emoción, subsiste en las otras. Si en primavera de 2018 la Premier League estaba totalmente decidida desde mucho antes de que terminase, no lo estaba la FA Cup, en la que el líder de la liga fue eliminado, ni lo estaba la Champions League, en la que sobrevivieron hasta la fase de eliminatorias un total de cinco equipos ingleses. Y todo eso sin contar que el Mundial estaba a la vuelta de la esquina, con su sistema de grupos y eliminatorias con emoción hasta el final, posibles tandas de penaltis y la presencia de los grandes astros del balón. Es difícil pensar que el sistema de ligas monopolísticas de Estados Unidos, pese a los *play-offs*, pueda ofrecer el mismo nivel de dramatismo y emoción, aunque por supuesto hay margen de mejora en el diseño de muchas competiciones, como la Copa del Rey española, que inexplicablemente sigue jugándose con eliminatorias a doble partido. La diversidad de ligas y competiciones favorece la generación de ideas e innovaciones institucionales y la selección y expansión de las mejores prácticas. Por ejemplo, en la actualidad, la Liga estudia implantar un sistema de dos vueltas asimétricas como el de la liga inglesa, por el que el orden de los partidos en la primera y segunda vuelta no es el mismo, sino que se decide en función de maximizar el interés de los espectadores. Existe competencia entre ligas: la española frente a la inglesa frente a la china, por ejemplo. Esta competencia en los últimos años ha ido acompañada por una ampliación de los mercados y una mejora de la calidad, aunque como todo proceso competitivo a gran escala, genera zonas de sombra y opacidad, como las asociadas al mercado global de fichajes.

2.4. Federaciones

Las federaciones son los organismos de gobierno tradicionales del fútbol y los primeros organizadores de competiciones. Hoy compaginan una labor como reguladores del deporte y a la vez propietarios de los derechos de algunos torneos y de los equipos nacionales. Cada federación territorial participa en federaciones de ámbito superior. Así, la federación española está formada por federaciones regionales y a su vez participa en la UEFA, la federación europea. Por encima de todas ellas está la FIFA, la todopoderosa federación internacional, reguladora del fútbol en todo el mundo y organizadora del Mundial de Selecciones y del Mundial de Clubs. El gran éxito de la FIFA, como guardián del bien de club que supone autorizar a los distintos agentes a participar en partidos oficiales, consiste en haber unificado el fútbol en todo el mundo. A diferencia de episodios históricos en otros deportes, nadie cuestiona que la FIFA es el gobierno mundial del fútbol, y su poder llega a todos los rincones del planeta. Los mundiales se celebran regularmente sin que ningún país o grupo de países los boicotee.

En marzo de 2018, tras la sospecha de envenenamiento en Inglaterra de un exespía ruso, el esperpéntico ministro de Asuntos Exteriores británico Boris Johnson amenazó con un boicot de Inglaterra al Mundial de Rusia del siguiente verano. Ante la alarma que causó en la poderosa industria inglesa del fútbol (un ejército de exfutbolistas, periodistas y agentes), el nacionalista Johnson se vio obligado a clarificar que se refería a un boicot diplomático, del estilo de enviar una representación oficial de segundo nivel a los partidos, pero que jamás quiso referirse a retirar el equipo nacional inglés de la fase final del mundial. A la espera de ver lo que ocurre en el mundial en el momento de escribir estas páginas, la prensa no tardó en tomarse con hilaridad hasta qué punto el presidente ruso, Vladimir Putin, se sentía preocupado por la amenaza.

La FIFA es un monopolio global necesario, porque queremos un solo conjunto de reglas y un solo mundial. Pero como todo monopolio, si no se regula tiende a actuar en beneficio propio y a abusar de su posición. Al ser un monopolio global y no haber un gobierno o un regulador público global, se trata de un monopolio desregulado. Por supuesto que tiene que someterse a las reglas de los países donde opera, pero poco más. No en vano, como tantos organismos internacionales del deporte, tiene su sede en Suiza, que históricamente ha ejercido un control muy laxo sobre las finanzas y las actividades de las federaciones internacionales. La gobernanza privada tiene precedentes en los gremios, las instituciones que fijan estándares tecnológicos y las academias de la lengua. El problema no está en el carácter privado de la gobernanza de la FIFA, sino en su carácter de monopolio global desregulado.

La FIFA es un monopolio global desregulado (aunque no sin restricciones) muy poderoso, con poder sobre el fútbol aficionado y el profesional. Al estar desregulado acumula mucho poder. Impulsa programas indudablemente beneficiosos: desarrolla el fútbol en los países pobres y garantiza que exista un único conjunto de reglas dentro y fuera del campo (calendario casi unificado, prohibición de tráfico de menores). En su rol redistributivo, la FIFA podría hacer más y no menos por frenar el declive de los clubs y las ligas modestas en España y Europa, quizás especializándose en el apoyo a estas ligas modestas facilitando la fusión de algunas de ellas: ir hacia un modelo dual de fútbol espectáculo frente a fútbol aficionado rompería su carácter unificado. Aunque el deporte como espectáculo y como práctica son muy distintos (el aficionado es un consumidor en el deporte espectáculo y un productor en el deporte *amateur*), en el fútbol gran parte de su éxito se debe a que ambos se combinan en sus estructuras actuales. La afición al fútbol se nutre de millones de niños y cada vez más niñas que practican el fútbol desde su más tierna infancia soñando con ser una estrella del balón. Pero especializar a la FIFA en el establecimiento de reglas y el desarrollo del deporte (bajo una supervisión que frene el clientelismo), y dejar más autonomía a clubs y ligas para que organicen las grandes competiciones profesionales sí parece posible.

La FIFA y las federaciones tienen un conflicto de interés al ser a la vez reguladores y organizadores de competiciones (o propietarios de los derechos de los equipos nacionales), que compiten con otros torneos. Sin embargo, hay sinergias entre estos dos roles y están asociadas a la deseable unificación del fútbol. Pero aceptando la unificación, los distintos roles de la FIFA deberían ser más sometidos a supervisión debido a su enorme poder, del que a menudo ha abusado apoyándose en su reivindicada "autonomía del deporte".

La globalización ha aumentado el poder de la FIFA más que el de la UEFA. Esta última lo ha tenido que compartir con los clubs a raíz de la amenaza de secesión de estos de crear una superliga europea formada por los grandes clubs (que no se llegó a crear, pero el amago dio lugar a una Champions League sucesivamente reformada). Sin embargo, la FIFA no se enfrenta a una amenaza creíble de secesión por parte de los clubs ni de sus federaciones miembro.

Los grandes eventos deportivos son una gran fuente de poder de las federaciones y, especialmente, de la FIFA y la UEFA: mundiales y eurocopas se asignan por procedimientos competitivos (rodeados de sospechas o evidencias en algunos casos de soborno) en los que los organismos deportivos tienen un gran poder de negociación, que a menudo se utiliza contra los intereses de las sociedades de los países o ciudades sede, como ha explicado el economista norteamericano Andrew Zimbalist en varios trabajos. Quien gana el proceso de selección acarrea a menudo con la "maldición del vencedor". Un paso positivo para evitar sobrecostes es que en 2020 por primera vez la Eurocopa no tendrá una sede estable (como ya ha ocurrido con la Eurocopa de baloncesto), aunque parece que el modelo no se va a extender a 2024.

Capítulo 3

Incentivos y racionalidad en el fútbol moderno

Correr es de cobardes.
Carles Rexach (cita apócrifa)

3.1. Introducción

El 60% de las veces el equipo que tira primero gana una tanda de penaltis, por lo menos con las reglas oficiales vigentes en 2018. Cada penalti, agrupando los que se lanzan en una tanda y los que se lanzan durante un partido, es gol en promedio en el fútbol profesional de alto nivel el 79% de las veces, y este porcentaje es el mismo tanto para los penaltis que se lanzan a un lado como al otro lado de la portería[13]. ¿Qué factores determinantes hay detrás de estas cifras? La respuesta, como muchas otras cosas en las interacciones sociales, tiene que ver con hasta qué punto los agentes que intervienen (en este caso los deportistas) en una interacción estratégica (una situación en la que el resultado para un agente depende de sus decisiones, pero también de las decisiones de otro u otros) responden de una forma racional a los incentivos que se les plantean.

Si utilizamos la definición habitual de racionalidad que los economistas usan (tener un objetivo claro y actuar de forma coherente con él), los seres humanos muchas veces no somos racionales. Solo hace falta hacer un poco de introspección y analizar cómo cada uno de nosotros tomamos decisiones cuando somos presas de emociones, adic-

13. Estas cifras provienen de los trabajos del economista Ignacio Palacios-Huerta y sus coautores.

ciones, prejuicios o inercias. O reconocer cuántas veces nos arrepentimos de decisiones tomadas sin reflexionar a fondo, o cuando hay una gran distancia entre lo que queremos en el corto plazo y lo que somos conscientes de que está en nuestro interés en el largo plazo. El trabajo empírico sistemático en las ciencias del comportamiento (resumido, por ejemplo, en el fantástico libro del psicólogo y premio Nobel de Economía Daniel Kahneman *Pensar rápido, pensar despacio*) corrobora que los seres humanos en muchas ocasiones nos alejamos de la racionalidad entendida en este sentido estricto. Pero también si utilizamos una noción de racionalidad más amplia, como la capacidad de deliberar, decidir y analizar utilizando argumentos basados en la razón (en lugar del prejuicio, la superstición o la arbitrariedad), también es fácil llegar a la conclusión de que los seres humanos nos alejamos a menudo de este ideal. Y es difícil no reconocer que en el mundo del fútbol los seres humanos somos capaces de llegar bastante lejos en nuestra irracionalidad, utilizando cualquiera de las dos acepciones mencionadas.

Sin embargo, el fútbol no habría alcanzado el éxito que ha alcanzado si no hubiera sido capaz de explotar a fondo los incentivos monetarios y en cuanto a popularidad que ofrece este deporte como práctica y como espectáculo. Conectando con los capítulos 1 y 2 anteriores, difícilmente se puede explicar la enorme popularidad del fútbol y el proceso por el que ha llegado a construir instituciones relativamente sofisticadas, sin dar cuenta de la sutil combinación que se produce en él entre racionalidad e irracionalidad, entre incentivos extrínsecos e intrínsecos.

Aunque muchas veces caemos en la irracionalidad y la mayoría de las ocasiones actuamos bajo racionalidad limitada, los humanos somos capaces de actuar con un grado elevado de racionalidad en cierto tipo de circunstancias. En el fútbol lo sabemos gracias a la evidencia empírica recogida en los lanzamientos de penaltis. Los profesionales que participan en un penalti se comportan de la misma forma como se comportaría un matemático experto en teoría de juegos que tuviera que elegir la elección óptima ante los incentivos que se le presentan. Esto es así en los penaltis, pero en el resto de nuestras interacciones sociales hay pocas situaciones que tengan las características de un penalti (retroalimentación inmediata, concentración absoluta, experiencia acumulada, mucho en juego). Cuando no se dan las condiciones adecuadas, la racionalidad de quienes intervienen en el deporte está mucho menos garantizada, aunque no es imposible.

En las ciencias sociales y en economía, los incentivos desempeñan un papel muy importante, y por eso muchos economistas han utilizado los incentivos del fútbol como base de datos para contrastar sus teorías. El diseño de estructuras internas de las empresas o de las políticas públicas parte de la base de que las personas responden a los incentivos que se les plantean. Estos incentivos pueden ser extrínsecos (monetarios y no monetarios) e intrínsecos. En este último caso la motivación es interna al ser humano, y tiene que ver con el placer de realizar una actividad o con la autoestima. Un aspecto importante que hay que tener en cuenta es que los incentivos extrínsecos pueden ser contraproducentes y erosionar o desplazar a los incentivos intrínsecos, aunque no siempre es así. La interacción entre remunerar algo explícitamente y la motivación intrínseca es un aspecto clave, por ejemplo, cuando las tareas son multidimensionales. En el deporte, unos incentivos extrínsecos muy elevados por ganar pueden incitar el comportamiento ilícito cuando hay varias maneras de ganar, ya sea mediante el dopaje, el juego sucio o la corrupción. La solución no tiene por qué ser reducir la potencia de los incentivos (aunque a veces sí), sino que muchas veces es posible intentar controlar mejor al mismo tiempo las formas ilícitas de vencer.

3.2. El ejemplo de los penaltis y la racionalidad de los jugadores

El economista Ignacio Palacios-Huerta (en su libro *Beautiful Game Theory*) con el ejemplo de los penaltis y el matemático David Sumpter (en su libro *Soccermatics*) con el ejemplo de las redes flexibles de pases, lo han explicado muy bien: la "racionalidad" evolutiva de los futbolistas se manifiesta de forma intuitiva (pensando rápido, diría Kahneman), como ocurre en el comportamiento de otras especies animales. Las redes de pases que construyen los mejores equipos del *tiki-taka* no son muy distintas a las redes que utilizan otras especies animales tras cientos de miles de años de presión evolutiva. Nos centraremos aquí en el ejemplo de los penaltis.

La teoría de juegos analiza los problemas de interacción estratégica. A diferencia de un tiro libre en baloncesto, el resultado de un penalti en fútbol (u otros deportes con portería defendida) no depende solo de la decisión, la habilidad o la suerte de un jugador, sino también de lo que decide otro jugador de forma simultánea o secuencial: es un problema típico de interacción estratégica. La teoría de juegos tradicional es a veces criticada porque supone que los sujetos tienen perfecta capacidad de cálculo (se supone que son individualmente muy racionales) y nula capacidad de cooperación o altruismo. Los penaltis, al ser un juego de suma cero (no hay ningún interés común entre los dos jugadores), permiten concentrarse en el grado de racionalidad individual y olvidarnos de la capacidad de cooperación.

Igual que en otros aspectos del fútbol (como el regate) y otros deportes (como la dirección del saque en el tenis), la clave de una buena decisión en un penalti, tanto por parte del lanzador como del arquero, es ser imprevisible. Si el otro jugador sabe lo que vas a hacer, tu probabilidad de éxito se reduce. La mejor forma posible de ser imprevisible es utilizar lo que se denomina en teoría de juegos una estrategia mixta, es decir, en lugar de elegir de forma consciente una forma de lanzar el penalti (por ejemplo, hacia la izquierda o hacia la derecha), elegir una probabilidad con la que lanzar a la izquierda y una probabilidad con la que lanzar a la derecha. Un caso particular sería utilizar probabilidades del 50%, por ejemplo lanzando una moneda no trucada al aire en secreto antes de disparar, y elegir un lado u otro en función de si sale cara o cruz. Pero en teoría también se podría pensar en mecanismos aleatorios que no fueran 50-50: por ejemplo, lanzar un dado, y si sale uno o dos lanzar a la derecha, pero si sale entre tres y seis lanzar a la izquierda. Por supuesto, los lanzadores y los arqueros ni lanzan monedas ni dados. Pero es porque piensan rápido, como sugiere Kahneman. Y como confirmó Palacios-Huerta, entre otros, en su trabajo empírico. Si uno observa lo que hacen los grandes profesionales del balón, como Messi y Ronaldo, van alternando entre lanzamientos a un lado, a otro, arriba, abajo, con *paradinha*, a lo Panenka... Son imprevisibles. Y también lo son los arqueros profesionales, que nunca se lanzan hacia el mismo lado. Pero no solo eso, sino que tanto los lanzadores como los arqueros (como demostró Palacios-Huerta y otros han confirmado con otras bases de datos) eligen un lado u otro con las probabilidades matemáticamente óptimas, que se alejan del 50-50 a favor de utilizar más el lado *natural* del lanzador (la derecha del arquero para los lanzadores diestros, la izquierda para los zurdos). Dado lo que hace el otro jugador, mezclar de esta forma es lo que le garantiza un mejor resultado: es lo que se denomina en teoría de juegos un equilibrio de Nash, porque el genio matemático John Nash, interpretado por Russell Crowe en la película *Una mente maravillosa,* fue quien dio a la noción una definición abstracta (y mal explicada en la película). Que la inmensa mayoría de jugadores no tengan ni idea de quién es Nash, ni de qué es la teoría de juegos, no impide que se comporten como seres dotados con una capacidad endiablada para la toma óptima de decisiones. Los profesionales de alto nivel, cuando lanzan un penalti, son perfectamente racionales. El resultado de la interacción de dos seres perfectamente racionales es que los penaltis son gol en promedio el 79% de las veces, tanto si se dispara a la derecha como a la izquierda: si el porcentaje fuera distinto de un lado a otro, es decir, si fuera más probable marcar lanzando a uno de los dos lados, entonces la estrategia óptima sería lanzar a ese lado siempre (una estrategia pura), con lo cual la estrategia mixta no sería lo óptimo.

¿De verdad son perfectamente racionales los futbolistas en los penaltis? ¿Siempre? Bueno no, casi. Cuando un equipo lanza en segundo lugar en una tanda de penaltis, parece sucumbir a la presión, por lo menos en parte, de saber que la mayoría de las veces (dada la elevada ratio de goles por penalti) no va a ir por delante en el marcador a lo largo de la serie. Esa parece ser la razón de que gane el equipo que lanza primero el 60% de las veces, y esa parece ser la razón por la que se está experimentando con introducir en las tandas de penaltis un orden de lanzamiento equivalente al del *tie break* (la muerte súbita) en el tenis: el que lanza primero dispara una vez, después dos veces el que lanza segundo, y a partir de ahí dos veces cada uno.

La presión psicológica también parece afectar a los lanzadores cuando chutan penaltis decisivos, al final de los partidos, por ejemplo, aunque hay menos evidencia sistemática al respecto. Y también parece afectar a arqueros, especialmente los menos experimentados, que se lanzan sistemáticamente a un lado u otro (en lugar de permanecer en el centro de la portería) por el "sesgo de acción" (hacer algo cuando lo racional es no hacer nada) debido a la presión social de ser visto intentando hacer algo, lo que sea, antes que caer en lo que parece pasividad o desinterés, como les ocurre a los gobernantes que acuden de forma contraproducente al lugar de la catástrofe cuando hay un desastre natural, o a muchos entrenadores, que exhiben sus gesticulaciones inútilmente por la zona técnica en lugar de sentarse en el banquillo. Cuáles son los factores que inciden en una mayor o menor afectación de sesgos psicológicos es, sin duda, un área de investigación futura que puede dar muchos frutos: uno esperaría que los jugadores más experimentados fueran más capaces de aislarse y comportarse con absoluta racionalidad incluso en los momentos de más presión, al modo en que los jugadores más experimentados de baloncesto se aíslan por completo del ruido ambiental y consiguen encestar la misma ratio de tiros libres tanto jugando en casa como fuera ante un público hostil.

Un aspecto curioso (pero del que se pueden extraer lecciones) de la microhistoria de la investigación de los penaltis tuvo lugar en la final de la Champions League de 2008 entre el Manchester United y el Chelsea. Como explican Kuper y Szymanski en su libro *Soccernomics*, el mismo economista Ignacio Palacios-Huerta asesoró al Chelsea, por si llegaban a la tanda de penaltis, utilizando la riquísima base de datos que el economista vasco (exjugador del Barakaldo y directivo del Ath. Bilbao) había reunido para su investigación empírica. En el informe que Palacios-Huerta escribió, resumía, basándose en las pasadas actuaciones de los profesionales, qué podían esperar los lanzadores del Chelsea del arquero del United Van der Saar, y qué podía esperar el arquero del Chelsea Petr Cech de los lanzadores del United. Un economista autocrítico con su profesión no debería pasar por alto que el Chelsea perdió la tanda de penaltis y la final (y el entrenador Avram Grant fue despedido por ello), pese a ser asesorado por el mejor economista experto en la aplicación de teoría de juegos a los penaltis. En la tanda de penaltis pasaron cosas inesperadas (un resbalón de Terry, un cambio de decisión de Anelka), pero, por supuesto, esa era la lección más importante, que parece que el informe no recogía, de la larga, brillante y paciente investigación académica de Palacios-Huerta: los profesionales de alto nivel en los penaltis deben ser imprevisibles. Cabe la posibilidad de que profesionales menos experimentados sean menos racionales que eso, y quizás para ellos sí tenga sentido escribir informes sobre patrones de comportamiento en los penaltis.

Los deportistas son seres humanos, y no debemos esperar de ellos que sean muy distintos que nosotros. Son muy racionales en los penaltis porque estos reúnen una serie de características que facilitan la racionalidad: hay mucho en juego, las reglas son bien conocidas, la experiencia se repite a lo largo de la carrera del deportista, el resultado se conoce inmediatamente, con lo que uno puede aprender de sus errores, no hay distracciones... Los profesionales son más racionales en un penalti que durante el desarrollo de un partido o cuando toman decisiones respecto a sus carreras por la misma razón que un estudiante se comporta de forma más racional en un examen que en un día de clase normal: hay más en juego, la atención es total, las reglas son claras y los objetivos también.

Es fácil encontrar ejemplos de racionalidad limitada entre los jugadores. El genial y descreído Johan Cruyff decía que le sorprendió cuando llegó a España en 1973 que los 22 jugadores se santiguaran antes de un partido al entrar a campo: "si funcionara, todos los partidos terminarían en empate". Al no terminar muchos partidos en empate, pese a la generalizada señal de la cruz, puede decirse que los jugadores españoles no actuaban racionalmente, a juicio de Cruyff, ante esta elemental lección de ensayo y error.

Los jugadores, pues, no siempre son racionales, tienen supersticiones y apuntan a lo alto supuestamente señalando a un familiar que está en los cielos, cuando marcan goles, ya estén en Australia o en Escandinavia. Lo importante es que los penaltis nos proporcionan información sobre el tipo de actividades que facilitan la racionalidad. Se trata de actividades en las que, como en los penaltis, las personas están totalmente concentradas, las reglas y los objetivos son claros y hay mucho en juego. Los profesionales están experimentados y han podido practicar con antelación. Además, se ha producido una retroalimentación inmediata y el resultado es claro e instantáneo (gol o no). En realidad, hay pocos ejemplos, en el deporte y en la vida, además de los penaltis y los exámenes, en los que estas características se den. Pero la escasez de ejemplos nos permite entender por qué la racionalidad absoluta es tan difícil de alcanzar en general.

3.3. Entrenadores

Tanto la teoría económica como la evidencia empírica experimental o basada en datos sobre el terreno en industrias que no sean las deportivas muestran que los gestores intermedios tienen un rol muy importante, precisamente para alinear los incentivos de los agentes que operan por debajo de ellos. El economista y Premio Nobel Ronald Coase puso de manifiesto que en las organizaciones los gestores desarrollan un rol crucial para reducir los costes de transacción, es decir, haciendo más fácil la coordinación entre los individuos que actúan en ellas. Otros economistas como los también premios Nobel Hart y Holmstron destacaron el rol que tienen los gestores para intentar reducir las asimetrías de información que se producen entre propietarios y trabajadores, y el rol que tienen en ofrecer incentivos a los trabajadores de base para que desarrollen bien su trabajo. También Holmstrom habló de las empresas como subeconomías en las que una buena coordinación es necesaria para que cada individuo tenga en cuenta los efectos externos positivos y negativos que su actuación puede causar sobre los demás. Los experimentos desarrollados por mi colega del Instituto de Análisis Económico del CSIC Jordi Brandts y sus coautores han mostrado el potencial que algún agente motivador puede tener en resolver crisis organizativas. En contra de lo que sugeriría el pensamiento económico tradicional, esta resolución de crisis organizativas mediante una mejor coordinación tiene más oportunidad de llevarse a cabo a través de una comunicación no estructurada (un "discurso motivacional" de una persona líder) que a través de incentivos monetarios o la transmisión de información técnica (la *solución tecnocrática*). La motivación psicológica es, precisamente, una de las aportaciones que se espera de los gestores del deporte, los entrenadores.

La interacción entre jugadores en un deporte de equipo se puede entender como un juego de coordinación. Hay varios equilibrios posibles, en los que un jugador individual solo encuentra beneficioso contribuir al esfuerzo colectivo cuando sus colegas hacen lo mismo. Esto se debe a que aportar esfuerzo al equipo tiene un coste para el individuo, en el que solo vale la pena incurrir cuando existe una masa crítica de aportaciones de los demás. Y esto también explica que un mismo conjunto de individualidades pueda tener actuaciones tan distintas a lo largo del tiempo, a veces en una misma temporada e incluso en un mismo partido.

Los economistas Bloom y Van Reenen han desarrollado un inmenso proyecto internacional de investigación en el que muestran que las prácticas de gestión impulsadas desde las estructuras intermedias de las empresas explican una parte muy notable de las diferencias de productividad entre empresas de un mismo sector y de las diferencias de productividad entre países.

Por supuesto, de los entrenadores se esperan muchas más aportaciones aparte de resolver crisis de resultados, especialmente en el deporte moderno. A las labores tradicionales de decidir la alineación y la táctica antes y durante el partido, o de planificar los entrenamientos, se añade la de gestión de la imagen y relación con los medios informativos (en ruedas de prensa en directo antes y después de cada partido). La labor del entrenador moderno es multidimensional, compleja y sometida a mucha presión. El técnico se enfrenta a un complejo vector multitarea, parte del cual es motivar a sus jugadores titulares y suplentes (algunos con categoría y sueldo de mito) con incentivos extrínsecos e intrínsecos, y otros instrumentos a su alcance, para que pongan el interés colectivo por encima del interés individual.

Como en todas las actividades, hay entrenadores de fútbol de mayor y menor calidad, como hay ejecutivos de mayor y menor calidad en todas las empresas y organizaciones. Pero pocas figuras están sometidas a la presión y el protagonismo de los modernos entrenadores de fútbol, convertidos en algunos casos en auténticos famosos. Quizá por eso, los entrenadores de fútbol, como los arqueros menos experimentados en los lanzamientos de penaltis, también se ven sometidos al sesgo de acción, y a muchos de ellos se les ve quedarse de pie e incluso caminando como una fiera enjaulada durante todo el partido dando gritos y gesticulando en la banda aunque nadie les escuche, pasar largos vídeos motivadores posteriormente difundidos pese a que distraigan del calentamiento antes de una final, revolucionar innecesariamente las alineaciones tras una mala racha aleatoria...

La presión social por parte de una hinchada hambrienta de victorias estimulada por una prensa enormemente competitiva es inmensa.

Sin embargo, a pesar de que existen buenas razones teóricas y empíricas basadas en otros sectores para esperar que los entrenadores marquen la diferencia, y a pesar de su enorme protagonismo mediático, la evidencia empírica sistemática para el mundo del fútbol no ofrece demasiadas pruebas de que un buen entrenador sea una causa significativa en general del buen desempeño de un equipo. Es posible que la razón sea metodológica y no sustantiva. La dificultad principal de este trabajo empírico sistemático es que los mejores equipos tienden a contratar a los mejores entrenadores, o por lo menos a los que tienen una buena reputación, por lo que es difícil distinguir el impacto causal de los entrenadores sobre lo bueno que es el equipo: ¿es bueno el equipo gracias al entrenador? ¿Fue gracias a Guardiola que el Barça fue una máquina perfecta entre 2008 y 2011 o el gran entrenador catalán se benefició de la mejor plantilla en los mejores años, del mejor jugador del mundo, Messi, y de los mejores jugadores españoles en los mejores años de la selección española? ¿O se convierte primero un equipo en bueno al tener buenos jugadores, y este equipo consigue atraer con dinero y buenos jugadores, a un entrenador con una buena reputación por proteger o por alcanzar?

Los llamados análisis de frontera permiten localizar aquellos entrenadores bajo los cuales su equipo saca el máximo partido al talento futbolístico, medido habitualmente mediante el gasto en salarios. Algunos entrenadores modestos salen bien parados, ya que puede tener el mismo o más mérito obtener resultados modestos con una pobre plantilla que obtener grandes resultados sin ganar siempre con una fenomenal plantilla. Con estas técnicas se pueden hacer clasificaciones de entrenadores, pero el problema que tienen estas de nuevo es que no es fácil atribuir todo el éxito de un equipo en sacar jugo de sus jugadores al entrenador, sino que pueden influir el resto de profesionales, la institución, la directiva, etc. Una de estas listas reflejaba en 2010 que uno de los mejores entrenadores británicos era David Moyes, que había tenido buenos resultados con el Everton. Quizá basándose en esta o parecida evidencia, el Manchester United le contrató para sustituir al exitoso pero ya mayor Alex Ferguson, pero Moyes fracasó estrepitosamente. Puede que tuviera mala suerte en su nueva labor, aunque posteriormente tampoco ha destacado en otros encargos. O puede que sus buenos resultados en el Everton fueran el fruto de una labor de equipo, o de un buen *matching*, irrepetible en un equipo tan grande y tan distinto del Everton como el United.

Todos tenemos nuestros entrenadores preferidos, y hay entrenadores que sirven para unas cosas y no para otras, y unos están especializados en unos estilos de juego y otros en otros estilos. No hay entrenadores perfectos, que combinen la valentía táctica de Cruyff y Guardiola, la meticulosidad y la apuesta por los jóvenes de Van Gaal, la tranquilidad de Valverde, la capacidad de rehacer plantillas de Ferguson y la vocación diplomática de Del Bosque y Zidane. Con la salida de Arsène Wenger del Arsenal londinense probablemente desapareció la figura del longevo mánager todopoderoso capaz de conseguir buenos o por lo menos decentes resultados y a la vez resistir a las tendencias especulativas del mercado de fichajes (o todavía mejor, aprovecharse de ellas), y contribuir al equilibrio financiero de su club (el exjugador camerunés del Arsenal Lauren declaró al diario *El País* que Wenger era "el entrenador que querían los bancos"). Con este entrenador el club pudo financiar la compra de un nuevo estadio, permitiendo duplicar los ingresos en días de partido. Una buena parte de los fondos para construir el Emirates Stadium los ha pagado el socio del Barça, con los fichajes de Petit, Overmars, Henry, Van Bronckhorst, Song y Fábregas (vendidos por el Arsenal al Barça justo después de alcanzar su mejor nivel competitivo), mientras la remodelación del Camp Nou se iba retrasando. Si las grandes demandas sobre la figura del entrenador individual exigen en el futuro un trabajo mucho más en equipo, no es menos cierto que los equipos gestores deberán coordinarse muy bien para compaginar las decisiones multidimensionales de un club cuando lo que se decide en alineaciones y fichajes tiene implicaciones (lo que los economistas llamamos externalidades) tan serias en las finanzas y, por tanto, en el futuro a medio y largo plazo.

Algunos trabajos empíricos han tratado de averiguar si la creciente costumbre de cesar al entrenador tras una mala racha tenía un impacto causal positivo sobre el desempeño de los equipos. Estos trabajos son importantes, porque la duración de los entrenadores en su cargo ha ido menguando. Incluso en la Premier League, históricamente considerada un ejemplo de paciencia con los entrenadores, en 2016 la revista *The Economist* divulgó que la duración típica de un entrenador en su puesto era de menos de un año. La mayoría de estudios concluye que no hay un efecto significativo en general del cese del entrenador, sino que el entrenador es agarrado como un chivo expiatorio de males más profundos o simplemente de una mala racha. En el fútbol holandés se comparó la recuperación de equipos que cambiaban a su entrenador con equipos que sufrían rachas parecidamente malas pero no cambiaban a su entrenador, y la recuperación era muy parecida en ambos casos. Cambiar el entrenador se ha convertido en un ritual parecido a las rogativas para que terminen las sequías. Como las sequías son como una mala racha (un descenso por debajo de la media), finalmente la lluvia vuelve a su promedio habitual, y el *milagro* se atribuye a la rogativa. En general, el desempeño de los clubs a lo largo de la historia no depende de quién es el entrenador, sino de los recursos, la tradición, las fuerzas evolutivas y otras razones ajenas a la personalidad concreta del máximo preparador. En el estudio sobre los entrenadores holandeses, los equipos tienen un desempeño bastante estable en el tiempo independientemente del entrenador. El Barça, comparado con otros clubs un ejemplo de estabilidad en los banquillos por lo inhabitual de los ceses a mitad de temporada, entre 2008 y 2018 ha tenido seis entrenadores, y los resultados han sido parecidos: siempre ha alcanzado como mínimo los cuartos de final de la Champions League y ha quedado entre los dos primeros de la Liga (excepto en la última temporada de Rijkaard en 2007-08 en que fueron terceros).

Igual que con los excesos del mercado de fichajes y la excesiva rotación de las plantillas, se hace difícil no pensar que la excesiva rotación de los entrenadores dificulta la consolidación de culturas futbolísticas y acaba perjudicando la formación de organizaciones sólidas y, por tanto, la sostenibilidad del fútbol.

3.4. Árbitros

El árbitro es una figura muy vulnerable, quizás la más vulnerable del deporte rey. En los últimos años lo ha sido más todavía, ya que puede cometer errores que son conocidos inmediatamente por el mismo público que está viendo el partido, gracias a que la noticia de cualquier gran error circula rápidamente por las radios y las redes tras verse en televisión, con una tecnología punta que hasta la llegada del VAR (*video assistant referee*, árbitro asistente de vídeo) no ha estado al alcance del colegiado.

La persistencia de la mala fama de los árbitros es, sin embargo, en buena parte injusta. Lo cierto es que los árbitros han mejorado mucho. No hace tantas décadas era habitual que algunos árbitros españoles exhibieran sin ruborizarse su sobrepeso. Hoy son atletas que se dedican a tiempo completo al arbitraje, que se preparan durante la semana como cualquier deportista, y que antes del partido calientan sistemáticamente a veces con más rigor que algunos futbolistas.

A pesar de la mejora, el árbitro sigue contribuyendo, quizás inconscientemente, a la ligera y menguante ventaja de jugar en casa debido a la presión del público. Esta presión es mayor cuanto más importante es el equipo, y por eso se dice que los árbitros favorecen a los equipos grandes, que también consiguen llevar más gente a los partidos donde juegan de visitantes. En algunos casos, los clubs insisten mucho en tener un estadio de propiedad para no tener que jugar en un estadio municipal multideporte con pista de atletismo, bajo el argumento de que la pista aleja al público de los jugadores y el árbitro. Sin embargo, el fenómeno ha ido en declive y varía mucho de un país a otro y de una competición a otra. Cuando se jugaron cuatro clásicos seguidos entre R. Madrid y FC Barcelona en 2011 (dos de Champions League, uno de Liga y la final de la Copa), los mismos jugadores se comportaban distinto ante el árbitro en las competiciones españolas y en la competición europea. En Europa hay menos ventaja de jugar en casa en la Liga de Campeones que en las ligas nacionales y más en la Europa League que en las ligas nacionales, a pesar de que el organismo de gobierno que nombra y monitoriza a los árbitros es el mismo (la UEFA) en la Champions y en la Europa League. Lo comprobamos mi colega Jordi Perdiguero y yo cuando juntamos en una base de datos todos los partidos jugados en competiciones europeas entre equipos de un mismo país, para así poder comparar encuentros entre los mismos equipos, en los mismos estadios, pero en competiciones distintas (como los cuatro partidos de 2011 entre Barça y Madrid con pocas fechas de diferencia). Sin embargo, en un trabajo de curso reciente, mis alumnos norteamericanos del programa *Study Abroad* de la UAB Osman Zuberi y Noah Reiner mostraron que la ventaja de jugar en casa era mayor en la primera que en la segunda división en las principales ligas europeas nacionales de fútbol. Una explicación plausible de que la Champions League tenga menos ventaja del equipo de casa que la Europa League, pero que la primera división tenga más ventaja del equipo de casa que la segunda división en las principales ligas nacionales sería que el foco está mucho más puesto en la Champions que en la Europa League, pero que a nivel nacional a los partidos de primera división va mucha más gente que a los de segunda a ejercer presión sobre árbitros y jugadores. De todos modos, nos movemos en el terreno de la especulación, y hará falta mucha más investigación para saber más sobre las razones de la persistente ventaja de jugar en casa. La calidad del arbitraje puede mejorar, eso sí, con una buena labor de las instituciones que se encargan de sus nombramientos y de su retribución. Tras una reforma del arbitraje en la liga inglesa en 2001, que aumentó la profesionalización de los árbitros e hizo más estricto su control, su contribución a la ventaja del equipo local disminuyó significativamente. Pero probablemente sea el hecho de que con el tiempo ha habido más dinero en juego y que todos los partidos importantes se ofrezcan en directo por televisión lo que hace que el coste reputacional de cometer un error haya aumentado.

A veces los humanos mejoran mucho en su actuación justo antes de ser sustituidos por máquinas. La comparación de los costes y beneficios del uso de la tecnología (como el ojo del halcón y VAR) en los últimos años se ha inclinado muy a favor de los beneficios. El retraso en la introducción de tecnología puede que no se haya debido solo a la comparación de costes y beneficios, sino también a la posibilidad de que haya sectores más beneficiados que otros de los sesgos existentes (como los grandes clubs y los medios que viven de la polémica), pero los costes y beneficios seguro que explican por lo menos parte del *timing* en introducir las ayudas tecnológicas. Si la tecnología sigue mejorando rápidamente, no hay que destacar que pronto pasemos del VAR al HAR (*Human assisted refereeing* o el arbitraje asistido por humanos): si la inteligencia artificial y el *machine learning* sirven para que un coche funcione sin conductor y para traducir de un idioma a otro muchos textos, también podrá servir para arbitrar partidos de fútbol, en lo que el ser humano tendrá la misión de asistir a una máquina (quizá prestando servicios de comunicación con los jugadores sobre el campo), que lo verá todo y tomará decisiones sin error. La sustitución total en la toma de decisiones del árbitro humano por la máquina se producirá el día en que la máquina sepa elegir mejor que el humano en qué momento no hay que aplicar el reglamento al pie de la letra y practicar, tras realizar un juicio moral, como hacen muchos árbitros humanos especialmente hacia el final de los partidos, el sesgo de omisión (aunque no siempre, y si no que se lo pregunten al portero juventino Buffon tras el partido de vuelta de cuartos de final de la Champions League de 2018). Este sesgo es lo contrario del sesgo de acción que afecta a porteros y entrenadores, y tiene lugar cuando la presión social es para que la persona afectada no sea la protagonista, cuando esta prefiere no asumir la responsabilidad de que ocurra algo.

3.5. Los aficionados

El hecho de que los aficionados utilicen el fútbol para descargar muchas de sus pasiones los hace muy vulnerables a los sesgos que caracterizan la racionalidad limitada. La consolidación o el aumento del peso de las aficiones en el poder del fútbol deberían ir acompañados de la creación de mecanismos institucionales que reduzcan los efectos más negativos de esta racionalidad limitada y ayuden a los aficionados a proteger sus intereses en el largo plazo.

El sesgo en la emisión de juicios respecto a partidos o jugadores, y una industria mediática que los nutre, pueden tener consecuencias negligibles o importantes dependiendo del contexto. Si uno utiliza su *wishful thinking* en las apuestas es su problema, pero si el mal humor después de un partido se refleja en aumento de la violencia en las calles o en los hogares el problema ya es más grave.

A diferencia de otras industrias, los consumidores del fútbol no son pasivos, sino que son activos y forman parte de lo que se crea colectivamente. Tienen un peso importante, aunque la comercialización haya reducido su poder formal. La presión canalizada por los medios de satisfacer sus anhelos a corto plazo plantea problemas parecidos a los que plantea el populismo a la democracia. No siempre dar satisfacción inmediata sirve para satisfacer los intereses a medio y largo plazo de una colectividad.

En el fútbol moderno existe el riesgo de comportamientos ineficientes (lo que en inglés se llama *moral hazard*) debidos a que se anticipa que alguna autoridad o institución va a rescatar a un club (*bail out*) cuando este toma decisiones equivocadas. Difícilmente se deja quebrar a una institución deportiva, es demasiado grande, demasiado popular o demasiado importante para que fracase absolutamente (*too big*, o *too important* o *too popular to fail*). O se la deja quebrar pero *resucita* al cabo de poco con los mismos colores, el mismo estadio y un nombre parecido, como ocurrió con el Málaga y la Fiorentina. Un simple fracaso financiero no puede hacer desaparecer un sentimiento comunitario. Tendría que desaparecer un sentimiento comunitario para que el Barça o el R. Madrid desaparecieran. Pero esto es muy peligroso para la propia comunidad, porque puede relajar mucho los incentivos para mantenerse en guardia ante comportamientos oportunistas o abusivos.

En el fútbol como en la democracia, el populismo del corto plazo puede ir en detrimento de la sostenibilidad a largo plazo. La racionalidad limitada de aficionados apasionados, y la de dirigentes y periodistas (o la racionalidad plena de estos dos últimos sectores, respondiendo racionalmente a las pulsiones de los primeros o abusando de ellas) explica muchos fenómenos en el mundo del fútbol, que acaban pagando a veces los propios aficionados, a veces los contribuyentes.

Existen estudios clásicos en psicología social que muestran como el tribalismo surge con los más mínimos materiales. Se ha estudiado cómo los niños se convierten en monstruitos tribales cuando son divididos en los campamentos de verano y cómo la prensa parece que ve partidos distintos cuando trata de vender periódicos a dos comunidades distintas que se enfrentaron representadas por sendos equipos.

Protegernos de nosotros mismos ante estos instintos, que por supuesto no nacen en los estadios pero que nutren la cara desagradable del fútbol, debe ser un aspecto fundamental de la reforma del deporte rey. Quienes llevan el tribalismo a su extremo violento son, por supuesto, una minoría no representativa, pero esta minoría no debe encontrar justificación en otros sectores más moderados que difunden valores parecidos con la boca pequeña, o que no condenan o no combaten suficientemente, pudiendo hacerlo, las expresiones violentas.

Por el contrario, la gran masa de aficionados pacíficos puede aportar compromiso y una visión a largo plazo de la que acaso carecen algunos de los nuevos inversores.

Capítulo 4

Evolución y complejidad del fútbol

Mamita, campeonamos

Hugo 'Cholo' Sotil (1974), en conferencia telefónica internacional con su madre peruana tras proclamarse campeón de Liga con el FC Barcelona.

4.1. Introducción

Cuando el FC Barcelona ganó la Liga Española de Fútbol en 1974 (con un recién llegado Johan Cruyff como estrella del equipo, y con Hugo *Cholo* Sotil como segundo extranjero) había estado 14 años sin ganarla. No volvió a hacerlo hasta 1985. Eso significa que en los 25 años que transcurrieron entre 1961 y 1986 el Barça solo jugó dos veces la Copa de Europa, la máxima competición europea de clubs del continente de la época. Llegó a semifinalista en 1975, pero perdió contra el Leeds United, y perdió la final contra el Steaua de Bucarest en Sevilla en 1986, tras fallar increíblemente todos los lanzamientos en la tanda de penaltis. En esos años, la globalización del fútbol estaba muy limitada. Aunque se podían fichar entrenadores y un número limitado de jugadores de otros países (dos como máximo en la época del Cruyff jugador), el mercado de fichajes no estaba tan liberalizado como en la actualidad, y a la Copa de Europa solo iban los equipos que ganaban la liga nacional de su país. A finales de la segunda década del siglo XXI, con un mercado de fichajes casi sin restricciones, y con unas competiciones europeas mucho menos restrictivas, el mismo equipo es participante y favorito habitual a llegar lejos en la Champions League (que pese a haber sido eliminado en cuartos en las tres últimas ediciones ha ganado cuatro veces – también ganó, por primera vez, una de las últimas ediciones de la Copa de Europa en 1992), la renovada máxima competición de clubs europea, y desde 1991 hasta 2018, coincidiendo con la gran etapa de integración del fútbol mundial, ha ganado la Liga española un total de 15 veces. ¿Por qué este club en particular ha sido tan exitoso deportivamente en el período de la globalización del fútbol? ¿Hay un diseño premeditado tras este éxito? En un sistema complejo como es el fútbol, hay que huir de esquemas unidimensionales con vínculos simplistas de causa-efecto.

En realidad, la trayectoria del FC Barcelona hasta convertirse en uno de los grandes clubs del continente ha sido un camino evolutivo, un proceso de ensayo y error en un sistema complejo en el que una serie de decisiones acertadas se han mezclado con golpes de suerte y piedras en el camino en un contexto de racionalidad limitada. La selección y amplificación de aquello que funcionaba, tras probar y descartar lo que no funcionaba, ha hecho el resto. El mundo del fútbol es un sistema complejo formado por una serie de subsistemas. Un equipo de fútbol es uno de estos subsistemas, un sistema en sí mismo que es parte de otros sistemas, un conjunto de unidades (en el caso del equipo, los jugadores) que se relacionan entre ellas constantemente y que dan lugar a propiedades emergentes, a características del conjunto que no se pueden inferir fácilmente analizando las partes individualmente. Estas características se pueden examinar de manera simplificada mediante el análisis de redes, empezando por los estudios neurocientíficos sobre la red más compleja y desconocida: el cerebro humano.

4.2. Los futbolistas como animales sociales

El matemático David Sumpter ha comparado el comportamiento de los jugadores en el terreno de juego con el de los animales sociales, como primates, insectos sociales, aves migratorias (como las 11 que Alex Ferguson mostraba en su oficina a sus jugadores, omitiendo el pequeño detalle de que coordinaban sus movimientos sin la ayuda de un entrenador) o felinos. En YouTube se hizo viral un vídeo que comparaba los movimientos de Messi en carrera escapando de los defensores con las imágenes de animales huyendo de otros animales en cazas colectivamente organizadas.

Los equipos cohesionados en defensa y en ataque, y la compresión de espacios cuando defienden y la creación de espacios cuando atacan, son fenómenos que pueden observarse en muchos documentales sobre la vida de los animales. David Sumpter ha utilizado modelos matemáticos parecidos para describir tanto el movimiento de animales y sus estructuras como el movimiento de futbolistas y sus redes flexibles.

Las técnicas del análisis de redes (empleadas para analizar la criminalidad, la epidemiología, las estructuras presa-depredador o la difusión de crisis bancarias), por ejemplo, pueden utilizarse para describir y extraer indicadores de la estructura de pases de los equipos. Así, midiendo el porcentaje de pases de un equipo que pasan por un mismo jugador, ponderando o no por la cercanía al gol del pase o por otras características, puede saberse con rigor cuáles son los jugadores que ocupan una posición de centralidad en la red flexible de pases, como puede saberse quiénes son los criminales principales de una red, o cuáles son los bancos clave que hay que controlar para prevenir una crisis bancaria sistémica. En la Eurocopa de 2008, por ejemplo, Xavi, Lahm (tanto cuando jugaba como lateral como cuando lo hacía como centrocampista) y Pirlo fueron los jugadores centrales en la estructura de pases de España, Alemania e Italia, respectivamente. Pero así como en España y Alemania había otros jugadores que también concentraban una parte importante de los pases, en Italia el monopolio de Pirlo era casi absoluto, lo que hacía relativamente más fácil defenderse ante Italia simplemente controlando a Pirlo.

A diferencia de otras especies animales, los seres humanos, incluyendo a los deportistas, están dotados de una capacidad mucho mayor para ser creativos. Esta creatividad en un deporte tan fluido y tan sometido a los caprichos aleatorios de un objeto redondeado y ligero, es uno de los grandes atractivos del balompié. Por eso nunca ha habido dos jugadas iguales en el fútbol, igual que no ha habido dos jugadores iguales: su diversidad dentro de un mismo código es una de sus grandes riquezas. Pero su asombroso parecido con algunos aspectos del mundo animal sugiere que algunos conceptos de la teoría de la evolución nos pueden ayudar a entenderlo mejor.

4.3. La evolución de las tácticas en el fútbol

Hay ideas diversas de lo que implica el evolucionismo para la sociedad, desde quienes lo han utilizado para justificar un darwinismo social en el que se deja que triunfen los vencedores, sin corrección alguna, hasta quienes lo utilizan para entender por qué en sistemas complejos algunas formas de hacer las cosas, varias de ellas habitualmente, se seleccionan y se expanden en detrimento de otras. Muchos científicos sociales, entre ellos los economistas Andrew Lo y Samuel Bowles, consideran compatible un enfoque evolutivo con una visión agnóstica y plural del desarrollo humano. En su versión de teoría de juegos, una teoría evolutiva de las interacciones sociales postula unos jugadores dotados debido a su herencia genética o a su socialización de estrategias (más que decidiendo conscientemente entre ellas) y aquellas estrategias que tienen más éxito en algún sentido que depende del contexto se expanden más entre la población. En el mundo real, ni la concepción extrema en la que todo lo decidimos conscientemente ni la del otro extremo en el que simplemente heredamos (ya sea por razones genéticas o sociales) una forma de hacer las cosas, puede ser totalmente realista. Pero el contexto social y cultural de las sociedades humanas limita mucho más de lo que somos conscientes nuestra libertad de elección. Al fin y al cabo, es tan difícil que un niño educado en una familia católica que va a un colegio católico acabe siendo budista, como complicado es que un entrenador del Barça aplique sistemáticamente la táctica del *catenaccio.*

En su libro *Soccermatics,* el matemático David Sumpter, simula una liga con equipos dotados de distintos sistemas de juego en los que los equipos más exitosos son copiados al cabo del tiempo. Tras unas pocas temporadas, unos estilos de juego se expanden porque son exitosos y otros incluso llegan a desaparecer. La liga simulada de David Sumpter es un caso particular de un esquema general que presenta el economista Eric Beinhocker en su libro *The Origin of Wealth,* en el que diferentes estrategias para comportarse en interacciones continuadas en el tiempo, acompañadas de mutaciones y fenómenos aleatorios, provocan alteraciones constantes en aquello que predomina y aquello que no. Algunas estrategias tienen mucho éxito durante un período corto de tiempo, otras durante más tiempo, algunas desaparecen para siempre y algunas siempre tienen un éxito limitado, pero nunca llegan a desaparecer (Beinhocker llama a estas estrategias "los escarabajos de la historia", porque esta especie animal ha sobrevivido durante millones de años a las extinciones de muchas especies animales).

Las tácticas que utilizan los equipos de fútbol también se han visto sometidas a una trayectoria evolutiva, desde los orígenes del fútbol hasta nuestros días. La historia de esta trayectoria evolutiva está contada en el libro de Jonathan Wilson *Inverting the Pyramid.* Cuenta este autor que el fútbol evolucionó desde esquemas tácticos ofensivos (con más goles) a más defensivos (con menos goles) a lo largo del siglo XX. Se trataría de la historia de una lenta involución, que se detuvo en parte a principios de la década de 1970 con la irrupción del "fútbol total" holandés. A mediados del siglo XX todavía había más delanteros que defensas, y la táctica más habitual era el 3-2-5 que todavía podemos ver en los futbolines españoles. Pero en las décadas de 1960 y 1970 el fútbol se fue haciendo más defensivo. El esquema táctico tradicional todavía no había muerto, y de ahí que todavía recordemos la alineación del Barça que ganó la Liga en la temporada 1973-74 como la de Sadurní... Rifé, Torres, De la Cruz... Costas, Juan Carlos... Rexach, Asensi, Cruyff, Sotil y Marcial, con pausas después del portero, de los tres defensas, dos centrocampistas y cinco delanteros. Pero ya era más inercia que otra cosa, porque el Barça de Michels y Cruyff empezó a revelarse contra los estilos encorsetados y Cruyff se salía cuando quería de la línea de ataque, Costas era más un líbero que un centrocampista y Asensi era más un centrocampista ofensivo que un delantero.

El Barça de Michels y Cruyff no era el único que desafiaba la ortodoxia de los esquemas rígidos y cada vez más defensivos. En realidad, en el Mundial de Alemania de aquel año 1974, la misma selección holandesa, también con Michels de entrenador y Johan Cruyff como gran estrella, sorprendía al mundo con un estilo innovador que se había estado incubando durante años en el Ajax de Ámsterdam, el club que en 1972 Michels había dejado en la cumbre del fútbol europeo para irse a Barcelona, el mismo viaje que el llamado holandés volador haría un año después. El fútbol total que practicaban los holandeses bebía de fuentes propias y también de influencias de entrenadores de Europa del Este y británicos, era un fútbol muy abierto al talento extranjero. En el partido inaugural del Mundial 1974 en Alemania, los holandeses batieron a Uruguay por 2-0, pero lo de menos fue el resultado. Lo relevante históricamente es que en ese partido por primera vez millones de espectadores podían maravillarse en directo por televisión de un estilo de juego basado en la defensa en campo rival, los pases cortos y el control del balón, la práctica sistemática de la táctica del fuera de juego y el intercambio de posiciones. Pese a no ganar la final de ese mundial, pues perdieron por la mínima ante la anfitriona Alemania Occidental, y pese a perder también la final del siguiente mundial, en Argentina, de nuevo contra el anfitrión, ese fútbol dio en las siguientes décadas algunos de los entrenadores más influyentes del fútbol mundial, que a su vez influyeron en jugadores que después se convirtieron en entrenadores. Las fuerzas evolutivas hicieron su trabajo de selección y amplificación. Con la liberalización del mercado de fichajes, el estilo de juego permeó a otras culturas futbolísticas. Hoy la selección alemana, que con una cultura futbolística propia derrotó a Holanda en 1974, juega de un modo parecido al holandés y sigue ganando, con unos arqueros que no dudan en jugar el balón con los pies e incluso con la cabeza dentro o fuera de su área. Y la alineación del Barça empieza a día de hoy (al escribir este libro) con un arquero (uno de los alemanes) que juega mejor con los pies que muchos centrocampistas españoles, haciendo casi realidad una de las elucubraciones del Cruyff entrenador, que se preguntó en sus tiempos si no sería mejor sustituir al portero por un jugador de campo para ganar capacidad combinatoria, y casi lo hizo al sustituir a Andoni Zubizarreta, autor del prólogo de este libro, por Carles Busquets, el *portero sin manos* y padre del gran centrocampista del *tiki-taka* Sergio. Y la alineación termina a día de hoy con un delantero uruguayo que tiene muchas cosas del históricamente exitoso fútbol uruguayo que se vio sorprendido por los holandeses en 1974, pero que es hoy el primer defensor de su equipo, un equipo de delanteros que defienden y defensas que atacan, en la mejor tradición del fútbol total. Eso no quiere decir que este sea el único fútbol triunfal, válido o exitoso, pues no siempre gana y, además, coexiste con otros modos de jugar más defensivos, como los promovidos por entrenadores también triunfales como Diego Simeone y José Mourinho. Las trayectorias evolutivas pueden tener un equilibrio a largo plazo monomórfico, en el que se impone una sola forma de hacer las cosas, o más a menudo un equilibrio polimórfico en el que conviven varias formas de hacer las cosas. El fútbol de hoy es polimórfico.

La adopción del "fútbol total" por el Barça no fue lineal o automática ni mucho menos, sino lenta y sinuosa, una carretera llena de curvas que tuvo mucho de ensayo y error. Y no todo empezó con Michels y Cruyff, sino que Mr. Mármol y El Flaco encontraron un terreno abonado por el gusto por el juego técnico de jugadores de la casa como Carles Rexach (posterior segundo entrenador de Cruyff en el Barça a partir de 1988) y Martí Filosia (socio de Rexach en una tienda de deportes cuando eran jugadores). Y por una apertura al exterior que se remontaba a los orígenes de un club fundado por el suizo Gamper, y en el que habían jugado o entrenado profesionales de Europa del Este como Kubala, y de Inglaterra como Vic Buckingham, el primero, antes de Michels, Cruyff y Van Gaal, en entrenar al Barça después de pasar por el Ajax. El Barça fue y ha sido siempre, pues, desde su fundación, un club abierto a las ideas y a las personas que provenían del extranjero (Gamper, Kubala, Helenio Herrera, Buckingham, Michels, Cruyff, Menotti, etc.). Eso facilitó que cuando llegó la gran era de la globalización, el Barça estuviera bien preparado para competir con los mejores.

Pero tras la liga de Michels y Cruyff de 1974, el Barça no volvió a ganar ninguna liga hasta 1985, y no lo hizo ya bajo la influencia holandesa, sino bajo las órdenes del inglés Terry Venables, que jugaba con un 4-4-2, en el que los dos delanteros eran el escocés Steve Archibald y el aguerrido mataronense Paco Clos. Antes de eso, el Barça había iniciado en 1978 la época de la presidencia del constructor Josep Lluís Núñez, dejando atrás un enfrentamiento entre el jugador Cruyff y el entrenador alemán Weisweiller, muy exitoso en su país pero que no triunfó en Barcelona. Tras décadas de presidencias de exponentes de la burguesía textil catalana, Núñez llegó con la misión de sanear las deterioradas finanzas del club y de volver a una senda triunfal. El primer entrenador de Núñez fue el francés Lucien Müller, sustituido a media temporada por un entrenador catalán que había figurado en la exitosa alineación de Michels del 73, Joaquim *Quimet* Rifé, que introdujo una presión muy alta y un *pressing* por todo el campo, y que ganó la Recopa de 1979 en Basilea. Núñez, posteriormente, probó con el alemán Lattek, rescató del retiro al italoargentino Helenio Herrera y contrató al argentino Menotti. Tras perder la final de la Copa de Europa en 1986 y un breve período con Luis Aragonés en el banquillo, el presidente Josep Lluís Núñez, que había efectivamente saneado las finanzas del club, se decidió a volver a la senda del fútbol total con la contratación del Cruyff entrenador en 1988. Tras dos años titubeantes en los que, a pesar de dudarse de la continuidad del técnico, el equipo ganó la Copa y la Recopa, en su tercera temporada el Barça de Cruyff ganó la primera de cuatro ligas seguidas con un juego espectacular. Desde el principio, Cruyff impuso un estilo revolucionario consistente en minimizar el número de defensas (habitualmente tres, pero uno o más de ellos podían ser centrocampistas o extremos reciclados o con un estilo alejado del fuerte defensa tradicional), jugar con extremos pisando la cal para abrir el campo y con cuatro centrocampistas dedicados a controlar el balón y a pasarlo a base de triángulos para atacar y abrir espacios, y para que el esférico no cayera en posesión del equipo contrario.

Cuando, tras dos últimas temporadas en blanco, Cruyff fue despedido en 1996 después de un largo enfrentamiento con Núñez, parece que la apuesta por el fútbol total no estaba ni mucho menos asentada porque el nuevo entrenador fue el prestigioso y veterano entrenador inglés Bobby Robson (con un tal José Mourinho como asistente). Tras una temporada en el banquillo en la que fue segundo en la liga y ganador de la Copa y la Recopa con el brasileño Ronaldo como gran estrella, aunque con un juego que pese a tener como ejes a jugadores tan propios del *tiki-taka* como Guardiola y De la Peña era discutido por no apostar claramente por el estilo holandés de fútbol, Robson fue sustituido por el de nuevo holandés Louis Van Gaal. El criterio prioritario no era seguramente volver al fútbol holandés, sino fichar a un entrenador ganador y con personalidad, que venía de ganar la Champions League con el Ajax y de alcanzar la final al año siguiente. Con Van Gaal como entrenador se ganó dos veces la Liga y se ganaron la Copa española y la Supercopa de Europa, pero el equipo no logró ganar la Champions League y tras tres temporadas, coincidiendo con la nueva presidencia de Joan Gaspart (Núñez prefirió dimitir antes que despedir a Van Gaal), el entrenador holandés fue sustituido por el español Serra Ferrer, que fue pronto reemplazado por

Carles Rexach, el ex *número dos* del Cruyff entrenador; este después fue sucedido por seis meses más de Van Gaal, quien tras fracasar fue sustituido a su vez por el serbio Radomir Antic, en un baile alocado de nacionalidades y estilos.

La apuesta definitiva por la senda del fútbol total, si bien complementada con otras influencias, llegó con el fichaje de Frank Rijkaard (exjugador del Ajax y del AC Milan) bajo la nueva presidencia de Joan Laporta en 2003, quien nombró al exjugador del *dream team* de Johan Cruyff, Txiki Begiristain, director deportivo. El abogado Laporta, amigo de Johan Cruyff, representaba una nueva generación de dirigentes de familias de la burguesía catalana, muchos de ellos jóvenes ejecutivos de empresa formados en escuelas de negocios que intentaban abrirse camino en un capitalismo globalizado. En su equipo estaban Sandro Rosell, Ferran Soriano, Marc Ingla y Josep Maria Bartomeu. Laporta había ganado las elecciones presidenciales (en las que todos los socios del Barça pueden votar) con una campaña con un mensaje de futuro, pero también prometiendo el fichaje del inglés David Beckham. Al ser elegido presidente, como a Beckham lo fichó el R. Madrid, Laporta tuvo que buscar otro fichaje de relumbrón y adquirió a Ronaldinho.

Por fin, tras cinco años en el banquillo por parte de Rijkaard en los que el equipo ganó dos ligas y una Champions League, la apuesta por el estilo de fútbol holandés se consolidó. Después de Rijkaard, ya sea con Laporta, Rosell o Bartomeu en la presidencia, los entrenadores, empezando con los cuatro grandes años de Pep Guardiola (aunque con la excepción tras la urgencia del fallecimiento de Tito Vilanova del argentino Tata Martino), han sido antiguos jugadores del club que bebían con más o menos matices del credo de Johan Cruyff, aunque ninguno de ellos volvió casi nunca a jugar con tres defensas.

En el esquema táctico heredado de Cruyff una figura clave era la del *cuatro*, el jugador que reparte el juego por delante de la línea defensiva. La evolución del rol de esta figura también sirve para ilustrar como son las fuerzas de la selección natural tras el ensayo y el error, y no siempre una planificación premeditada, las que determinan el curso de acción. Al dejar Cruyff el banquillo, la manija del equipo la llevaba en esa posición Pep Guardiola, un jugador técnico e inteligente con una impresionante visión del juego y con poco físico.

Con Bobby Robson se le buscó acompañante con un doble pivote, y, aunque inicialmente la compañía recayó en el fornido Popescu, la presión popular y la calidad del jugador forzaron que a veces el acompañante fuera Iván de la Peña. Con Van Gaal en el banquillo se volvió al pivote único, y Guardiola por sus lesiones o por decisión técnica empezó a dejar paso en la posición al principio a Celades y posteriormente a Xavi Hernández, que compartían el perfil de jugadores técnicos con gran visión del juego pero escaso físico. Rijkaard también empezó con Xavi de cuatro, pero tras una nefasta primera vuelta en la primera temporada de este entrenador holandés, se fichó al holandés Davids en el mercado de invierno. Xavi adelantó su posición a la de interior y Davids ocupó su lugar. Al *cuatro* tradicional ahora se le exigía también más físico. Aunque Davids solo duró media temporada, Xavi ya no volvería a la posición de *cuatro*, sino que iba a ser ocupada por otros jugadores que compaginaban buena técnica con fuerza física, como Motta o Edmilson. Al llegar Guardiola como entrenador, encontró subiéndole del filial (en el que el propio Guardiola había entrenado) a Sergio Busquets, el jugador ideal para la posición de pivote a la vez defensivo y ofensivo, que inmediatamente ocuparía esa posición en la selección española que ganaría el Mundial de Sudáfrica en 2010. Para Guardiola era anatema la idea del doble pivote y con él de entrenador Busquets siempre ocupó la posición de *cuatro* sin nadie a su altura, al igual que ocurrió con Tito Vilanova y Martino, sus sucesores. A la llegada de Luis Enrique, Busquets siguió como único pivote, aunque la enorme verticalidad del equipo del tridente formado por Neymar, Messi y Luis Suárez hacía que en muchas ocasiones Busquets terminara demasiado exigido por un equipo que se partía a veces demasiado. En una ocasión el jugador argentino Mascherano, que fue fichado para dar descanso a Busquets pero acabó jugando de central, dijo que no se podía esperar que Busquets lo hiciera todo (en lo que era una defensa del jugador de Badia del Vallès). Tras la salida de Neymar y la llegada de Ernesto Valverde como entrenador, tras unos inicios en que Busquets siguió de pivote único, poco a poco el croata Rakitic fue retrasando su posición hasta ubicarse prácticamente la altura de Busquets, de modo que en muchas ocasiones puede hablarse de un doble pivote, de una posición compartida, con bastante éxito, por lo menos hasta el momento de escribir estas líneas en primavera de 2018. La evolución del *cuatro* en el Barça ha sido hasta ahora el resultado, pues, de la combinación de decisiones premeditadas, hechos fortuitos y ensayo y error.

En el momento de escribir este libro, es también una incógnita de futuro saber hasta qué punto será sostenible la apuesta del Barça por la cantera, apuesta por la cual ha sido elogiado el club en los últimos tiempos. En 2010, las tres primeras plazas del premio del Balón de Oro fueron para tres canteranos azulgrana: Messi, Xavi e Iniesta. Es cierto que pocos equipos europeos del máximo nivel tuvieron en esos años tantos jugadores de la cantera sobre el campo. Todavía hoy no es extraño ver cinco o seis jugadores formados en La Masia al mismo tiempo en los principales partidos. Pero lo cierto es que ahora varios de estos jugadores superan ya los 30 años, y algunos, como Piqué y Alba, fueron repescados tras haber abandonado el club. El camino de la cantera al primer equipo tampoco es lineal. El último jugador que se ha consolidado proveniente directamente de la cantera ha sido Sergi Roberto, que debutó en el primer equipo en la temporada 2010-2011. Incluso durante los cuatro años de Guardiola, los dos únicos jugadores que subieron desde el filial (del que también venía el Guardiola entrenador) al primer equipo y se consolidaron fueron Busquets y Pedro, este último traspasado al Chelsea en 2015. El resto de grandes jugadores de la cantera había debutado anteriormente con Rijkaard (Messi) o Van Gaal (Valdés, Xavi, Puyol e Iniesta). Generaciones enteras de jugadores han pasado por el equipo filial sin que ninguno de sus miembros se consolidara en el primer equipo, pese a que muchos de ellos prometían mucho cuando llegaron a debutar en el primer equipo, como Muniesa y Samper. Está por ver si el gran éxito, probablemente irrepetible, de la generación de Iniesta y Messi, explica el tapón actual (y, por tanto, al desaparecer, veamos de nuevo abrirse la pasarela entre el Barça B y el primer equipo), o si lo que explica es que durante los mejores años del equipo había una mayoría de canteranos en el *once* inicial porque eran los mejores del mundo (y no porque fueran de la cantera, con lo que al desaparecer la generación actual, desaparecerá la cantera, por lo menos en su dimensión actual de fuente de talentos para el primer equipo).

¿Cuál es el rol de la creación inteligente, de la toma de decisiones por parte de gestores, en la evolución del sistema complejo del fútbol? Dirigentes, directores deportivos y entrenadores toman decisiones en medio de la incertidumbre, la constante generación de nuevos datos, la globalización y el populismo, sometidos a gran presión por cumplir con sus objetivos de ascensos, evitar descensos, ganar campeonatos o acudir a las competiciones europeas. La evolución del Barça ilustra cómo ha conseguido forjar unas señas de identidad con la contribución de muchos eslabones en una larga cadena, pero en la que la creación racional y consciente solo ocupa una parte dentro de los factores que explican un desempeño hasta ahora de éxito. La prensa y la afición se alimentan de mitos, leyendas, héroes, chivos expiatorios y villanos, pero la historia avanza y retrocede gracias a la evolución de sistemas complejos.

La irrupción del fútbol total y la evolución del estilo de juego del Barça y de otros equipos no son más que parte de una historia que se escribe todos los días en miles de canchas de entrenamiento y de estadios de fútbol, donde se ensayan nuevas jugadas, o salen nuevas jugadas fruto de lo que parecen errores, como ocurre con las nuevas recetas de cocina o la evolución del lenguaje, y se prueba a nuevos jugadores o a viejos jugadores en posiciones nuevas. Desde que se jugaba en el medioevo en varias partes del mundo con pelotas fabricadas a veces con vejigas de animales hinchadas, la evolución de las reglas y de las formas de jugar nos ha acabado regalando, gracias a la combinación casual con los grandes medios de comunicación de masas, uno de los pasatiempos y una de las pasiones de mayor éxito del mundo de hoy.

4.4. El futuro competitivo del fútbol

En el deporte, especialmente en el fútbol, las predicciones son más arriesgadas que en la política (en la que también son difíciles, como explica el gran experto canadiense en predicciones Philip Tetlock). Que se lo pregunten a Nate Silver, el gran estadístico norteamericano que dirige la página web *Five Thirty Eight*. Silver fue una de las pocas personas que no descartó la victoria de Donald Trump en las elecciones presidenciales de Estados Unidos de Noviembre de 2016, y que acertó Estado por Estado en las elecciones presidenciales que ganó Barack Obama, combinando modelos estadísticos con promedios de encuestas publicadas por otros medios y análisis de mercados de apuestas. Silver pensó que su oferta de predicciones tendría más atractivo popular si se expandía al deporte y empezó a desarrollar espacios de comentario y modelos estadísticos dedicados al deporte, primero a las ligas de deportes profesionales norteamericanos y, posteriormente, al fútbol.

En el Mundial de Brasil de 2014, Silver empezó afirmando que el equipo anfitrión estaba infravalorado en los mercados de apuestas, y que él creía, basándose en sus modelos predictivos, que Brasil era más favorito de lo que pensaban los apostantes y la mayor parte de comentaristas. El día de la semifinal contra Alemania, Silver reiteró que los mercados de apuestas estaban infravalorando el potencial de la *canarinha*, incluso pese a la lesión de su estrella Neymar en una eliminatoria anterior contra Colombia, que le dejó KO para el resto del torneo. La derrota por 7 a 1 ante Alemania en la semifinal jugada en casa no fue solo una humillación, pues, para los jugadores brasileños. Pero Silver es científico, y lejos de justificarse, se tomó su derrota particular como un acicate para trabajar más duro y desarrollar modelos estadísticos mejores. Ahora sus modelos de predicción del fútbol reúnen datos históricos que se remontan décadas atrás en el tiempo y se nutren de todo tipo de informaciones que permiten predecir el resultado de los grandes partidos de fútbol en una gran variedad de campeonatos. Con estas predicciones, Silver simula ligas y campeonatos. Veremos si con las mejoras introducidas le va mejor en el mundial de Rusia que está a punto de jugarse. De momento, lleva dos años equivocándose en sus predicciones de la Champions League, en la que en 2017 y 2018 se pasó media temporada pronosticando la victoria del FC Barcelona, hasta que cayó eliminado en cuartos de final.

Las dificultades de este gran estadístico con el fútbol ilustran lo aventurado de cualquier pronóstico sobre lo que va a ocurrir en el futuro del fútbol más en general. Cualquier mirada al futuro de un sistema complejo evolutivo como el del balompié debe hacerse con gran humildad y modestia.

Las dotaciones iniciales, la tecnología, las instituciones y la desigualdad interaccionan a lo largo del tiempo. Algunas de las grandes incógnitas de futuro en clubs, torneos y selecciones incluyen si seguirá el Barça o los otros grandes equipos en la élite, y si lo seguirán haciendo con jugadores en una parte muy destacada formados en la cantera o fichados en el mercado. La respuesta dependerá de sus propias decisiones, de la suerte y, quizás también, de cuestiones políticas relacionadas con la estabilidad y crecimiento de su mercado de base. No sabemos si saldrá y cuándo una superliga europea a partir de la Champions League o si lo hará tomando como base la Premier League. No sabemos si seguirá el mundial dominado por Alemania o se romperá la "trampa de la clase media" por fin y ganará un equipo africano o asiático o incluso Bélgica, o si volverá Holanda a disputar una final y quién sabe si por fin la ganará.

Nos gustaría saber si tendrán éxito los esfuerzos de política industrial futbolística del presidente chino y si Catar conseguirá sus objetivos sean los que sean. El hecho de momento es que el fútbol es uno de los pocos terrenos en los que Europa domina con sus clubs y sus selecciones al mundo entero y que los mejores jugadores siguen saliendo de Argentina y Brasil. Los modelos estadísticos, pese a su utilidad y belleza, no nos pueden explicar por qué los barrios humildes de Buenos Aires y Rosario siguen produciendo algunos de los mejores talentos futbolísticos, en lugar de Pekín, Los Ángeles u Oslo, o por qué la definición de Gary Lineker de que el fútbol es un juego de 11 contra 11 en el que siempre gana Alemania es una apuesta tan difícil de batir.

Las dificultades de evaluar tendencias a largo plazo están ahí, cuando la presión mediática nos incentiva a prestar atención solo a lo más visible. Los equipos ingleses parecían fuera de la lucha por la Champions League tras la victoria del Chelsea en 2012 (a pesar de que tanto este equipo como el Arsenal, el Manchester United y el Liverpool habían estado entre sus vencedores o finalistas en los 10 años anteriores), pero en 2018 tuvieron a cinco equipos en los octavos de final. Italia dominaba el fútbol europeo y mundial con el AC Milan en las décadas de 1980 y 1990 y, posteriormente, se vio adelantada por el español y el inglés, cuya liga es uno de los grandes éxitos de los últimos años, cuando en la década de 1980 parecía noqueada por el *hooliganismo,* y el AC Milan ahora lucha por acceder a las competiciones europeas.

¿Querrán las nuevas generaciones seguir viendo el fútbol en su formato actual en televisión? Quizá veremos nuevos formatos sobre los que se puedan construir unas finanzas suficientes para mantener esta gran industria global o, por el contrario, quién sabe si veremos al fútbol entrar en declive y desaparecer como desaparecieron antes las luchas de gladiadores y los torneos medievales. El futuro no está escrito.

Capítulo 5
Un fútbol reformado en un mundo mejor

Social reformers, from Confucius and the biblical prophets to Gandhi and Martin Luther King, have dreamed of a world in which peace, justice and harmony would reign.[14]
Luois Putterman (2012), The Good, the Bad and the Economy.

5.1 Introducción

En otoño de 2015 una serie de detenciones en un hotel de Suiza pusieron de máxima actualidad la sospecha de altos niveles de corrupción en el máximo organismo de gobierno del fútbol mundial, la FIFA, acusada por el FBI de corrupción "desenfrenada, sistemática y profundamente arraigada". Estas sospechas no eran nuevas, y ya habían sido denunciadas por periodistas de prestigio, como Andrew Jenkins, de la BBC. La corrupción de la FIFA se manifiesta aparentemente en el cobro de comisiones por contratos y en la venta de votos en las decisiones sobre la organización de los mundiales (por ejemplo, la decisión simultánea de otorgar los de 2018 y 2022 a Rusia y Catar). En este capítulo final se va abordar sobre todo un aspecto de la cara desagradable del fútbol: la corrupción (aunque esta cara desagradable también incluye la violencia y el racismo)... Especialmente la atención se centra en la corrupción en los organismos federativos y especialmente en la FIFA, y se va a reflexionar sobre qué propuestas de reforma pueden reducir e idealmente eliminar la corrupción. Pero la corrupción y las malas prácticas no se reducen a la FIFA:

14. Reformistas sociales, desde Confucio y los profetas bíblicos hasta Gandhi y Martin Luther King, han soñado con un mundo donde reinarían la paz, la justicia y la armonía.

existe también el fraude fiscal de estrellas y clubs, el lavado de dinero, la compra de partidos...

El mensaje principal de este capítulo es que la cara oscura del fútbol va muy ligada a su cara positiva. Ambas son difíciles de separar. Por ejemplo, si los dirigentes de la FIFA tienen altos incentivos para corromperse, es porque acumulan un extraordinario poder, vinculado al éxito del fútbol como espectáculo global, al que la FIFA ha contribuido. La FIFA es un monopolio global desregulado. Es un monopolio porque nadie le discute el derecho a fijar las reglas del fútbol mundial y a organizar el campeonato que decide el mejor del mundo (en clubs y en selecciones). Es global porque su jurisdicción abarca todos los países del mundo y la práctica tanto profesional como *amateur* del fútbol. Y es desregulado porque puede actuar con muchas menos restricciones que otros monopolios, y está sometido simplemente a las leyes que también afectan a cualquier organización que opere en competencia. La razón principal por la que la FIFA está desregulada es, como se dijo más arriba, porque el monopolio tiene carácter global y no existe un gobierno o una agencia reguladora global. Gracias a que hay un solo organismo que fija las reglas mundiales del fútbol (las reglas de lo que ocurre en el terreno de juego y fuera de él), incluyendo la organización del campeonato más famoso, el mundial; y gracias a que estas reglas están unificadas, es decir, gracias a que la FIFA es un monopolio, el fútbol habla el mismo lenguaje en todo el planeta y puede organizarse como un deporte global de gran éxito. La FIFA ayuda a canalizar nuestra pasión por un mismo juego en todo el mundo. Si hubiera varios organismos que compitieran entre ellos (como ha ocurrido en la historia de algunos deportes como el boxeo) el fútbol tendría menos éxito.

El mismo día de finales de 2015 en que la FIFA estaba reunida para discutir, bajo presión tras las detenciones del FBI, reformas en su gobernanza interna, en otro punto del orden del día, se aprobó estudiar la ampliación de la fase final del mundial a 40 equipos. Es decir, mientras se buscaban formas de demostrar que la FIFA estaba comprometida en reformarse para eliminar la corrupción, el mismo organismo estaba trabajando en encontrar fórmulas para agrandar las fuentes de su poder, el cual que está en la base de sus incentivos para corromperse. En pleno debate sobre la reforma de los organismos federativos, en la Eurocopa de Francia de 2016 (la primera con 24 equipos y octavos de final, es decir, con más partidos y derechos televisivos que nunca), el presidente en funciones de la UEFA, el organismo regulador del fútbol europeo y propietario de los derechos de la Eurocopa, era Ángel María Villar, alguien que llevaba casi 30 años como presidente de la RFEF (la federación española) y había tenido relaciones conflictivas tanto con gobiernos socialistas como conservadores y cuyo hijo, Gorka Villar, estaba siendo investigado por su gestión como ejecutivo de una federación regional de fútbol en América Latina.

En el mes de febrero de 2016 la FIFA eligió a Gianni Infantino como sustituto del polémico Sepp Blatter, que entre secretario general y presidente había estado 35 años en la cúpula de la FIFA. En sus últimos años e intentando reaccionar al escándalo de la asignación de los mundiales de 2018 y 2022, Blatter lideró un intento de aparente reforma interna, pero la dimisión dando un portazo de varios de los expertos que reclutó terminó con toda apariencia de sinceridad. Infantino no era un recién llegado, sino que era el secretario general de la UEFA, el organismo de gobierno del fútbol europeo, bajo la presidencia de Michel Platini. Este mismo hasta hacía poco era aspirante a suceder a Blatter, pero vio truncada su carrera al ser vetado por el propio comité de ética de la FIFA por haber cobrado cantidades injustificadas de dinero por parte del organismo mundial en el pasado. Poco tiempo después de ser nombrado, Infantino tuvo que dar explicaciones por su aparición en los *Papeles de Panamá,* en los que aparecía implicado en la venta fraudulenta de derechos de televisión vinculados a la Champions League, la competición de clubs más lucrativa cuyos derechos posee la UEFA. Como explicó el periodista John Carlin en un artículo en *El País* (29 de febrero de 2016), Infantino ha prometido a los diversos países miembros de la FIFA y a sus confederaciones un notable incremento de fondos para "el desarrollo" del fútbol, "un simpático eufemismo para encubrir el uso imaginativo que han hecho con sus millones tantos de los que mantuvieron a Blatter al frente de la organización". Blatter reaccionó a la elección de Infantino con estas palabras: "Tiene todas las cualidades para seguir mi trabajo", declaró.

5.2. Un monopolio necesario, pero que hay que regular

En los capítulos anteriores se ha explicado cómo lo mejor y más moderno de la economía y las ciencias sociales nos permite analizar las causas y consecuencias de la globalización del fútbol. Nos acerca a entender el rol que desempeñan las instituciones que protagonizan este proceso de exitosa globalización: los clubs, las ligas, las federaciones. Además, estas ramas avanzadas de las ciencias sociales y del comportamiento encajan las propiedades de estas instituciones como elementos emergentes de un sistema complejo que ha evolucionado partiendo del comportamiento individual de jugadores, dirigentes, árbitros y entrenadores. La racionalidad a menudo limitada de los agentes que intervienen (incluidos los aficionados, los intermediarios y los periodistas) y los incentivos que tienen para tomar decisiones más o menos acertadas, configuran un rico laboratorio, un auténtico espejo de la economía global.

La pregunta que nos hacemos aquí es qué aspectos de esta realidad compleja deben mantenerse incluso ahondando en ellos, y qué aspectos deben intentar reformarse en la medida que sea posible, incluso en profundidad, todo ello con el objetivo de que el fútbol global sea un complemento de un mundo mejor, y no un obstáculo hacia este. En la medida en que la realidad actual ha evolucionado, no es resultado de un diseño inteligente, por lo que no debemos esperar una solución milagrosa que simplemente arroje el agua sucia dejando al niño en la bañera. Cualquier intento de reforma será imperfecto y tendrá mucho de ensayo y error. Pero la importancia creciente del fútbol en nuestras sociedades hace que valga la pena intentarlo.

Un aspecto que merece la pena ser discutido en este sentido, y que enlaza con un debate clásico entre los economistas, es si el carácter monopolístico de la FIFA debe mantenerse o si, por el contrario, debemos aplicar la receta habitual entre nuestra profesión de liberalizar y aumentar la competencia.

Aunque los economistas tendemos a pensar que la competencia es algo deseable porque permite satisfacer mejor las necesidades de los consumidores, lo cierto es que hay casos en que somos más permisivos, y aceptamos que cierto grado de monopolio puede ser necesario. ¿Es necesario un monopolio en el gobierno del fútbol mundial? En otros sectores de la economía, los monopolios también son permitidos porque se considera que aportan algo de valor a la sociedad. Es el caso, por ejemplo, de las patentes: aceptamos que quien haya realizado un descubrimiento tenga derecho a monopolizar la explotación del descubrimiento durante un tiempo para incentivar que se produzcan descubrimientos. También es el caso de los llamados monopolios naturales, aquellos sectores en los que debido a la presencia de economías de escala, es conveniente que opere una sola empresa, porque si hubiera dos, se duplicarían los costes fijos: con una sola empresa, los costes por unidad producida pueden ser menores y los precios que permiten cubrir estos costes también podrán ser más bajos. Por ejemplo, la distribución de agua potable, el transporte de electricidad en alta tensión y el transporte ferroviario se consideran monopolios naturales.

Pero normalmente estos monopolios permitidos están regulados, habitualmente por gobiernos o agencias reguladoras nacionales, regionales o locales. Los reguladores fijan la duración de la patente o las tarifas que cobran las empresas monopolísticas en los sectores de infraestructuras. Por supuesto, una excepción al carácter nacional o subnacional de las agencias reguladoras es la Unión Europea, que en las últimas décadas ha ido adquiriendo mayores poderes.... Y otra excepción son los organismos mundiales de los que habla el politólogo Josep M. Colomer en su reciente libro *El gobierno mundial de los expertos*. Pero, por lo general, la mayoría de instrumentos de regulación de los monopolios sigue estando en manos de los Estados o de Administraciones de nivel inferior. Se produce cada vez más un desencaje entre el mercado (mayoritariamente global) y la regulación (mayoritariamente nacional).

Una integración económica profunda requiere una armonización de, por lo menos, algunas leyes y regulaciones en todos los países. También en el fútbol, y en pocos ámbitos se ha ido tan lejos precisamente, y con tanto éxito, como en el fútbol, entre otros motivos por la eficacia de la FIFA en ser reconocida como el organismo que decide las reglas del fútbol, tanto en el campo como fuera de él. El fútbol es más global porque es más homogéneo que el hockey, el baloncesto o el tenis. La FIFA interviene decisivamente en el establecimiento del reglamento del juego (aunque hay un organismo específico para ello, la IFAB: https://en.wikipedia.org/wiki/International_Football_Association_Board), y al mismo tiempo establece las normas (incluido el régimen de sanciones, al que no tienen más remedio que someterse incluso los clubs más poderosos) para el fichaje de futbolistas menores de edad, y establece un calendario global único de competición. Este calendario único permite que las grandes estrellas puedan compatibilizar su participación en sus clubs de origen con su participación en las selecciones nacionales, mediante el establecimiento de los que se llaman "fechas FIFA", reservadas para que los jugadores internacionales jueguen con sus selecciones mientras las competiciones nacionales de sus clubs se detienen. Del mismo modo que un centro comercial fija un horario común para todas las tiendas, este calendario único ha permitido encajar un número creciente de partidos que tienen que jugar las grandes estrellas. Y todavía tiene margen de mejora, si la FIFA consigue, por ejemplo, que la Copa África deje de jugarse en unas semanas (enero y febrero) en que no se detienen las principales ligas europeas. Todas estas reglas facilitan la expansión del fútbol al tiempo que intentan contener algún daño que se pueda hacer a la sociedad en su conjunto (como la posible explotación de los menores en el mercado de fichajes, como explica el periodista chileno Pablo Meneses en su libro *Niños futbolistas*).

El poder principal de la FIFA no proviene solo de su rol como regulador, sino también del control que ejerce sobre lo que los economistas llamamos "bienes de club". Estos bienes están a medio camino entre los bienes públicos y los bienes privados. Los bienes privados son aquellos en los que existe rivalidad en el consumo y, además, quien tiene la propiedad del bien puede excluir otros de su consumo (mis zapatos por ejemplo). En los bienes públicos puros no hay ni rivalidad ni capacidad de exclusión (el aire que respiramos por ejemplo). El libre mercado tiende a especializarse en el intercambio de bienes privados con gran eficiencia, y el Estado se especializa en proveer o regular los bienes públicos puros. Pues bien, hay bienes intermedios. Unos se caracterizan por la rivalidad en el consumo pero con incapacidad de exclusión, como los recursos de propiedad común (los bosques y los pastos). Y otros se caracterizan por la posibilidad de exclusión pero con ausencia de rivalidad en el consumo. Estos últimos son los bienes de club, que incluyen, por ejemplo, las autopistas de peaje cuando no están congestionadas. Si algún agente controla un bien de club y este club tiene una gran capacidad de admitir socios sin que el valor para cada socio se resienta (sin que haya congestión), ese agente dispone de un enorme poder, poco habitual en los mercados competitivos en los que se intercambian bienes privados. El bien de club que controla la FIFA es el acceso a la jerarquía de competiciones que regula, y en particular el acceso a los mundiales, que no solo controla, ya que tiene los derechos de propiedad, sino que organiza hasta ahora. Además, a diferencia de las autopistas de peaje, ella misma fija las normas y las tarifas, y no tiene que responder ante ningún regulador por encima de ella, porque su escala es global y no existe un regulador global. Si algún gobierno nacional se entromete en el poder de una federación nacional, la FIFA amenaza a menudo con cierta credibilidad a los países con impedir a sus selecciones nacionales participar en los mundiales o sus eliminatorias previas, o a sus clubs con impedir su participación en competiciones internacionales. Los gobiernos españoles han sido objeto de estas amenazas en varias ocasiones, y otros ejemplos han sido estudiados por un académico especialista en conflictos jurisdiccionales en el fútbol, Borja García[15]. La FIFA utiliza su poder en la puerta de acceso a las competiciones internacionales para reafirmar sus competencias no solo ante los gobiernos nacionales cuando estos tratan de influir sobre la organización del fútbol, sino también sobre otros agentes de la industria del fútbol, como los clubs, las ligas y, en general, los organizadores de competiciones. Conflictos parecidos se producen en el ciclismo, el baloncesto, el tenis y otros deportes entre las federaciones y los organizadores de competiciones, pero el poder de la FIFA es mucho mayor debido al enorme éxito global, la importancia política y la popularidad del fútbol en comparación con otros deportes.

Además de su rol como regulador monopolístico y "guardián" de un "club" enorme, la FIFA es una gran multinacional que opera comercialmente gestionando los derechos del Mundial de selecciones y (aunque hasta ahora haya tenido menor importancia) el Mundial

15. Véase por ejemplo Meier, H.E. y García, B. (2015). "Protecting Private Transnational Authority against Public Intervention: FIFA's Power over National Governments". *Public Administration,* 93(4): 890-906.

de Clubs[16]. Pero es una multinacional especial, es una multinacional sin ánimo de lucro, que integra en su interior también un movimiento de base, formado por todas las federaciones nacionales (que se agrupan en confederaciones regionales, como la UEFA), a su vez entidades sin ánimo de lucro cuya función declarada es promover el deporte del fútbol. Así como en otros sectores las multinacionales deben establecer las reglas del juego en una relación a veces conflictiva con ONG y activistas, la FIFA integra en su seno y ejerce de portavoz oficial de los defensores de la promoción del fútbol en los países pobres. Cada federación nacional tiene un voto independientemente del peso de su fútbol. Hay 209 miembros con voto, más que el número de miembros de las Naciones Unidas, en las asambleas en las que se elige al presidente; podría llegarse al caso absurdo de que una federación nacional tuviera un voto sin tener ni jugadores ni clubs. Y los dirigentes de la FIFA han sido muy hábiles en utilizar de modo clientelar su capacidad de distribuir los beneficios de la comercialización exitosa del fútbol global para asegurarse el apoyo de la gran cantidad de federaciones nacionales que resultó de los procesos de descolonización y de disgregación del bloque soviético. Formas de mejorar el sistema electoral para hacerlo menos propenso al clientelismo podrían incluir el voto ponderado o la bicameralidad, introduciendo una cámara con representación de clubs, ligas, deportistas y aficionados.

Es sobre todo el éxito del mundial y de otros torneos relacionados controlados por ella lo que da poder a la FIFA y a las federaciones (estas también controlan los derechos de las selecciones nacionales). Los gobiernos nacionales tienen poco poder para ir contra la FIFA, porque deben rendir cuentas ante unos votantes que desean que sus selecciones vayan a los mundiales y sus grandes clubs participen en las grandes competiciones internacionales. La ONU y la Unión Europea reconocen la "autonomía del deporte", y la FIFA históricamente ha reclamado con éxito su rol como regulador monopolístico apelando a dejar las decisiones en manos de la gran *familia* del fútbol.

16. Aun así, el Mundial de Clubs también ha *crecido*. Ha pasado de ser un enfrentamiento entre el campeón de Europa y el campeón de América (la Copa Intercontinental) a convertirse en un minitorneo por eliminatorias con los campeones de varios continentes y subcontinentes. Más partidos, más derechos de televisión. Y recientemente la FIFA ha recibido una oferta de un grupo de inversores para ampliarlo todavía más.

El hecho de que la FIFA sea un monopolio global muy poderoso no impide que el fútbol sea una industria bastante competitiva por debajo de su organismo de gobierno mundial. Existe no solo una gran rivalidad entre los grandes clubs (a pesar de que la distancia entre ellos y los clubs medianos y pequeños ha aumentado), sino también una competencia real y potencial entre ligas. La Premier League emerge por el momento como líder en este proceso competitivo, consiguiendo cifras astronómicas por los derechos de televisión, pero este liderazgo incentiva a otras ligas como la española, la alemana, la francesa y la italiana a buscar fórmulas para hacer más atractivo su producto. En Norteamérica, la Major League Soccer (MLS) consigue año tras año atraer a mejores jugadores. Sus partidos ya se transmiten en directo por Eurosport y por otras cadenas televisivas de alcance internacional, y va haciéndose un hueco en las preferencias de las nuevas generaciones en Estados Unidos, especialmente pero no solo entre una creciente población de origen hispano. Mientras tanto, la promoción del fútbol en China se ha convertido en una prioridad para los dirigentes del Partido Comunista, que impulsan la política de 100 millones de niños chinos jugando a fútbol a la vez que se esfuerzan por erradicar la corrupción en sus estructuras futbolísticas. Los grandes clubs europeos conspiran para crear algún día una superliga europea cerrada a esos grandes clubs del continente, que aumentaría en una cifra importante el número anual de partidos en la cumbre que hasta ahora solo se producen a partir de los cuartos de final de la Champions League. Al mismo tiempo, el fútbol femenino sigue creciendo en práctica e interés, incluyendo el mundial femenino, también organizado por la FIFA.

Todos estos movimientos competitivos se producen bajo las normas y el amparo del mismo organismo de gobierno mundial. Confirman un conocido principio de la economía industrial (el estudio de la competencia imperfecta): cuando en una estructura de relación vertical entre organizaciones hay una de ellas que controla un *input* (un factor de producción) básico, a esta organización le conviene que las que utilizan este *input* compitan agresivamente entre ellas. Cuanta más competencia, mayor cantidad y calidad del producto, más consumidores finales y, por tanto, más ventas del factor básico. Esa fue una de las lecciones de los Casos Microsoft de defensa de la competencia. Microsoft controlaba casi monopolísticamente un *input* fundamental para las aplicaciones: el sistema operativo Windows. Argumentó que no tenía ningún interés en reducir la competencia en el mercado de aplicaciones y en particular en boicotear al navegador de Netscape, que competía con el navegador de Microsoft, Internet Explorer: cuanta más competencia entre aplicaciones, mejor, porque así habría más demanda de sistemas operativos. Si al final Microsoft fue declarada culpable de entorpecer la competencia fue porque se descubrió que lo que temía en realidad es que Netscape fuera el inicio de un proyecto empresarial que erosionara su rol monopolístico en el sistema operativo. A la FIFA, igual que a Microsoft, le interesa proteger su monopolio en el *input* básico (el *sello FIFA* para poder participar en las grandes competiciones) y que quienes utilicen este *input* compitan salvajemente entre ellos para aumentar la cantidad y la calidad de fútbol al alcance de los espectadores. Si se regula el poder de mercado de la FIFA y se le impide extraer todo el beneficio que desee de la enorme cantidad de fútbol que genera la competencia por debajo de ella, entonces tendrá menos incentivos para promover esta competencia. Si como sería deseable, se pudiera avanzar hacia una regulación global de la FIFA, al mismo tiempo se debería promover una política de defensa de la competencia en todo el mundo del fútbol para garantizar que se mantienen los incentivos a competir por debajo de ella.

La FIFA parece escapar al problema de apropiabilidad al que se enfrentan los clubs de fútbol y las ligas nacionales. Estos desearían extraer más dinero de la disponibilidad a pagar de los aficionados por disfrutar de la experiencia del fútbol, y lo poco que acumulan lo deben gastar compitiendo en el mercado de fichajes o luchando por retener a sus estrellas. Sin embargo, los aficionados al fútbol podemos disfrutar en gran parte de la experiencia futbolística sin pagar mucho o nada por ello. Pero la FIFA es capaz de explotar su poder de monopolio para que le dejen decidir en paz sobre quién organiza el mundial, qué empresas lo esponsorizan y qué cadenas tienen los derechos televisivos. El monopolio va acompañado, pues, de un gran poder.

Otra cuestión es si es posible desagregar el rol monopolístico de la FIFA, o si se la puede obligar a compartir el poder en alguna de las tareas que controla, sin que ello vaya en detrimento de la calidad del producto para los aficionados: ¿Debe seguir siendo un monopolio en los tres roles de regulador, empresa multinacional y movimiento por la promoción del fútbol? ¿No deberían los aficionados estar representados por otro organismo? La FIFA es juez y parte. ¿No podría compartir las labores de juez o ejercerlas en un sistema mejor de pesos y contrapesos?

La corrupción, como se ha dicho, es compatible con el crecimiento económico; de hecho, ambos fenómenos tienen un determinante en común en el caso que nos ocupa, que es el monopolio eficiente que la FIFA ejerce sobre las reglas y la organización del mundial de fútbol. El crecimiento del fútbol ha tenido una relación ambivalente con otros fenómenos de la cara oculta. La violencia entre espectadores y el racismo provienen de la pulsión tribal que el fútbol explota. Sin embargo, en Inglaterra, el fútbol ha despegado como fenómeno económico cuando ha sido capaz de organizarse para reducir drásticamente los niveles de violencia. Pero la pulsión tribal es algo natural en los seres humanos. Sin esta dimensión tribal, el fútbol no tendría el éxito que tiene: rivalidades entre equipos, rivalidades nacionales, interpretaciones políticas... La dimensión tribal es la misma que hace que muchos jugadores se emocionen cuando escuchan su himno nacional, o que algunos personajes critiquen a quienes no se emocionan cuando escuchan el himno nacional. El objetivo debería ser contener y canalizar esta inevitable expresión tribal, incluso explotarla al mismo tiempo, pero relegándola a algo folclórico, parecido al medieval y turístico *calcio storico* (de Florencia, de Siena) italiano, en el que las banderas ya no tienen ninguna relevancia contemporánea. O igual que se respeta e incluso se subvenciona a los reyes de tribus sudafricanas, sin darles ninguna importancia política.

5.3. ¿Debe la FIFA ponerse bajo control público? ¿Debería 'privatizarse' más?

La gobernanza privada como la que ejerce la FIFA no es inusual. Los gremios, los cárteles (como la OPEP y el cártel de los diamantes), y las agencias de certificación operan en sectores importantes de la economía. Las academias de la lengua regulan el uso que hacemos del lenguaje. Por supuesto, hay casos extremos en que es obvio que la ley privada es perjudicial para la sociedad, como es el caso de la mafia. Pero hay muchos ejemplos de instituciones privadas que establecen reglas o estándares, contribuyendo con ello a la eficiencia y el crecimiento. En el mundo animal, hay muchísimos ejemplos de comportamiento colectivo organizado de forma muy eficiente (piénsese en los insectos sociales, como las hormigas y las abejas, o las aves migratorias) sin que haya un gobierno central. Por tanto, del hecho que la FIFA sea un organismo regulador privado no se deriva que deba ser sustituida por un organismo público en su totalidad.

Por otra parte, las organizaciones sin ánimo de lucro como lo es la FIFA tienen un papel muy importante en muchos sectores de la economía. En actividades en las que la calidad y los incentivos intrínsecos son muy importantes porque hay dimensiones del esfuerzo de los agentes que no se pueden someter a contratos (quizá porque son dimensiones no observables), renunciar al beneficio por encima de una remuneración justa puede dar las señales apropiadas para que otros agentes tengan confianza en la organización. Ocurre en el sector sanitario, en la educación, incluso en las finanzas. Hasta su crisis reciente, las cajas de ahorros tuvieron durante décadas una enorme influencia en España, y están en el origen de entidades bancarias muy exitosas en Cataluña, el País Vasco y también en formatos parecidos en otros países. El carácter no lucrativo de la FIFA, al igual que el carácter no lucrativo de muchas organizaciones en el deporte, no es un obstáculo para la eficiencia. La naturaleza jurídica no lucrativa de la FIFA no es el problema, sin menoscabo de las reformas que se puedan llevar a cabo para mejorar su gobernanza, como en cualquier organización compleja, sea lucrativa o no.

A lo largo de la historia de la humanidad han surgido evolutivamente distintos tipos de instituciones, unas públicas, otras privadas, otras híbridas, unas jerárquicas, otras más descentralizadas. La historia de la humanidad es la historia de la diversidad institucional. La FIFA es una organización jerárquica privada que, sin que fuera diseñada para ello cuando surgió a principios del siglo XX o cuando surgieron las primeras federaciones nacionales de fútbol en el siglo XIX, se ha adaptado hasta situarse en una posición de control de una industria global que ha cambiado mucho desde que el fútbol actual se codificó hace unos 150 años.

Esta reflexión nos permite contextualizar algunas propuestas que se han realizado para reformar la FIFA. Por ejemplo, la revista británica *The Economist* y el economista Stefan Szymanski han propuesto una FIFA que cotice en Bolsa[17], para que todos nos beneficiemos de la transparencia a la que deben someterse las empresas cotizadas. Sin embargo, la cotización en Bolsa no ha impedido que algunas grandes empresas cayeran víctima del fraude y la corrupción (como Enron) y son muchísimas las instituciones exitosas y duraderas que nunca han cotizado en Bolsa (como la Iglesia católica, por ejemplo).

La organización Transparencia Internacional ha realizado propuestas más realistas, basadas en una interesante reflexión sobre por qué el deporte moderno es tan corrupto:

"El deporte es una actividad de interés público, reproducida y vista por miles de millones de personas, que implica el empleo de mucho dinero para la organización de grandes eventos deportivos. El deporte se organiza alrededor del principio histórico de la autonomía. Sus organizaciones son *sin ánimo de lucro* o *no gubernamentales.* Esto les permite operar sin ninguna supervisión externa efectiva (o interferencia, dependiendo de la perspectiva). Los estatutos de la mayoría de las asociaciones deportivas, por tanto, requieren reformas que se inician y deben ser aprobadas por las mismas personas que se verán afectadas más directamente por ellas. Es lógico, entonces, que los deportes sean resistentes a la autoincriminación y el cambio. Las estructuras corporativas del deporte son, en gran medida, arcaicas. La administración del deporte a menudo es supervisada por exatletas con poca experiencia previa en la gestión, y operan a través de modelos de organización jerárquicos muy lineales. Aunque estos modelos pueden haber funcionado en el pasado, muchas organizaciones deportivas internacionales, confederaciones regionales y las organizaciones deportivas nacionales simplemente no han avanzado al mismo ritmo del enorme crecimiento comercial del sector, e incluso han optado por no adaptarse con el fin de proteger ciertos intereses personales, entre ellos altos salarios, bonificaciones y permanencia en el cargo prácticamente ilimitados. Por último, este entorno insular se ve facilitado por los países que acogen a estas organizaciones, como Suiza y los Emiratos Árabes Unidos, que tradicionalmente conceden rango jurídico favorable y generosas desgravaciones fiscales con el fin de atraer y mantener a

17. http://www.economist.com/news/leaders/21693210-clean-up-footballs-governing-body-dose-stockmarket-scrutiny-sec-parrot

las organizaciones residentes. Los cambios para reforzar la rendición de cuentas por lo general son introducidos con precaución, ya que los organismos de gobierno del deporte pueden simplemente trasladarse si se aprietan los tornillos demasiado."

Las reformas propuestas por la FIFA misma escuchando las recomendaciones de Transparencia Internacional y expertos en gobernanza incluyen limitar los mandatos de los altos funcionarios de los tres mandatos de cuatro años; una división definida de competencias entre la división operativa del día a día de la FIFA y sus líderes estratégicos, y el aumento de las reglas de diversidad de género para promover a la mujer (Infantino mismo ha nombrado a una mujer funcionaria de las Naciones Unidas como su secretaria general), incluyendo el requisito de que cada una de las confederaciones de la FIFA elija por lo menos a una mujer para la junta de gobierno de la organización. A pesar de la voluntad de algunos de los expertos que inspiraron las reformas propuestas por la FIFA, estas no incluyen la adición de miembros independientes a un nuevo comité ejecutivo, aunque habrá miembros independientes en los comités asesores seleccionados.

Este tipo de reformas internas son análogas a lo que se llevó a cabo en el Comité Olímpico Internacional (COI) a raíz del escándalo de corrupción de la Olimpiada de invierno de Salt Lake City, que fue insuficiente, ya que no alteró su poder comercial ni su autoridad regulatoria, aunque se ganara en transparencia: se ha evitado lo peor de la corrupción, pero no el fiasco de Río ni las críticas por la tolerancia ante el dopaje. Las reformas del movimiento olímpico en cuanto a transparencia fueron el resultado de la presión del Congreso de Estados Unidos sobre las multinacionales norteamericanas que esponsorizaban las Olimpiadas. Estas reformas han ido más allá y empezaron antes que los tímidos intentos recientes de la FIFA por reformarse. Sin embargo, en su más reciente reencarnación en la llamada Agenda 2020, también los programas reformistas del COI han sido tallados de cosméticos por expertos como el prestigioso economista norteamericano Andrew Zimbalist, autor de una serie de libros críticos con los grandes eventos deportivos. Algunos de quienes participaron en intentos internos de reformismo por parte de la FIFA, como el jurista portugués Miguel Poiares, han criticado la resistencia a introducir cambios significativos por parte de los organismos de gobernanza global del deporte, y el periodista del *Financial Times* Simon Kuper (autor entre otros con Stephan Szymanski del libro *Soccernomics*) ha escrito en el *New York Review of Books* que en la FIFA pervive una cultura de corrupción que sobrevive a los escándalos de las detenciones encargadas por el FBI y la dimisión de Sepp Blatter.

Otras propuestas existentes de reforma, algunas en proceso ya de ser aplicadas y otras más en fase especulativa, incluyen las siguientes:

- *Fair play* financiero. Es una iniciativa de la UEFA apoyada por la Comisión Europea para limitar la influencia de los grandes magnates en la propiedad de clubs de fútbol. Aunque no se establecen límites a esta propiedad, sí que se limita el uso de dinero externo al club para realizar fichajes o remunerar jugadores. Aunque esta propuesta puede limitar la influencia de las grandes fortunas de origen dudosamente legítimo, también puede reforzar la posición de dominio de los grandes clubs tradicionales, y no hace nada por reducir la corrupción de los grandes organismos. Una alternativa que tampoco altera la corrupción de la FIFA, pero que podría corregir la influencia de las grandes fortunas sin eliminarla, sería un impuesto sobre el lujo que gravara la entrada de dinero en el fútbol.

- Democracia de los aficionados. El periodista Andy Robinson ha abogado en el diario *La Vanguardia* por la elección directa del presidente de la FIFA por los aficionados, desconfiando de la presión de los patrocinadores y de las recomendaciones de los expertos en gobierno corporativo, a quienes considera no suficientemente alejados de algunos casos de corrupción. Sugiere en particular que una elección democrática por parte de los aficionados podría dar lugar a la elección como presidente de alguien tan popular a la vez y tan comprometido en la lucha contra la corrupción como el exjugador y actual senador brasileño Romário de Souza. Sin embargo, como sabemos muy bien los españoles, la democracia y las elecciones incluso por sufragio universal no son un antídoto suficiente contra la corrupción, si no van acompañadas de un sistema exhaustivo de rendición de cuentas. Nada garantiza, además, que en un mundo tan dado a la mitomanía como el fútbol, la alianza de algún plutócrata con un exfutbolista famoso menos comprometido con la justicia que Romário, no diera como resultado una situación tan inquietante o más que la actual. Además, por lo menos a corto plazo, es fácil pensar en enormes inconvenientes prácticos de una democracia global directa de los aficionados: ¿Cuál sería el censo? ¿Qué Administración velaría por la legalidad y organización del proceso electoral?

- Reformar el sistema de asignación de los mundiales. El economista norteamericano Andrew Zimbalist ha propuesto en su último libro, *Circus Maximus,* seleccionar aquellas candidaturas a organizar grandes eventos que sean mejores en alguna dimensión social objetivable, en lugar de elegir aquella que prometa un escenario más fastuoso para que la FIFA pueda instalar su fábrica de generar dinero y poder. Sin duda, esta es una idea útil que reduciría los incentivos a la compra de votos, pero que no eliminaría la capacidad regulatoria y el control de los bienes de club que ejerce la FIFA.

Todas estas ideas tienen aspectos positivos, pero ninguna de ellas es totalmente convincente.

5.4. Un programa reformista para el fútbol global

La solución a los problemas de corrupción a veces se asocia a buscar una solución a juegos de coordinación entre unos pocos jugadores. Pero así como un penalti ES un juego de dos jugadores y la teoría de juegos sirve como descripción y no solo como metáfora de lo que ocurre, la solución a los problemas de corrupción, aunque por supuesto exige coordinación, es mucho más compleja que la búsqueda de un equilibrio razonable en un juego simple. Además, a diferencia de un penalti, que es un juego de suma cero, en los problemas de corrupción se combinan conflictos de interés con interés común. Los juegos 2x2 no siempre sirven tan literalmente como en un penalti para analizar y predecir una realidad compleja.

Para complementar las propuestas analizadas en la subsección anterior y con el ánimo de avanzar en propuestas realistas de reforma, es importante señalar primero cuáles podrían ser algunos objetivos de la reforma del fútbol global. Estos podrían incluir erradicar la corrupción y favorecer una cierta separación de poderes; corregir el *riesgo moral* (*moral hazard*) asociado al fenómeno *demasiado grande para fracasar* para minimizar las ayudas de Estado asociadas al fenómeno; erradicar la violencia y el racismo; canalizar y trivializar el elemento tribal; compartir las ganancias de eficiencia de la ampliación de los mercados, y promover la innovación y la competencia entre ligas y distintos tipos de competiciones. Como posiblemente el problema más urgente es la corrupción, y las reformas que se necesitan mejorarían la calidad institucional del fútbol permitiendo también abordar el resto de problemas, la atención se centra aquí prioritaria pero no exclusivamente en reformas que permitan combatir la corrupción.

Las reformas deben emprenderse pensando en el bienestar de los consumidores, es decir, los aficionados reales y potenciales de todo el mundo, siempre que sus intereses no colisionen con los del conjunto de la ciudadanía. Hay que tener en cuenta también el impacto del comportamiento de las instituciones sobre los valores culturales y las normas sociales dominantes, por ejemplo sobre la educación de niños, adolescentes, jóvenes y adultos. Un problema al respecto es hasta qué punto está bien definido el bienestar de los consumidores. ¿Son ellos mismos un buen juez de su propio bienestar? Este es un problema típico de los que se conoce como moderna economía del comportamiento (la intersección entre economía y psicología), que se soluciona en general eligiendo el bienestar a largo plazo, o por lo menos teniendo en cuenta las *internalidades* (por analogía con las externalidades o efectos externos de la economía tradicional, pero que tienen lugar dentro de la misma persona) entre el corto plazo y el largo plazo.

Dos cuestiones previas antes de proponer reformas concretas siempre aparecen cuando se discuten programas de reforma de problemas sociales enquistados:

1) ¿Debe abordarse un *Big bang* o son mejores las reformas graduales? Probablemente, la mejor respuesta sería algo intermedio, porque estamos ante un problema arraigado para el que no bastan pequeños parches. Salir del problema requiere coordinación entre varios agentes públicos y privados a distintas escalas. Al mismo tiempo, hay que reformar siendo conscientes de que no se trata de cambiarlo todo, porque la industria del fútbol tal como está organizada hoy hace feliz a muchos aficionados y es una fuente de riqueza y creación de valor.

2) ¿Cuál debe ser el rol del gobierno a sus diferentes niveles, desde los supranacionales hasta los locales? La interacción entre el fútbol y la esfera pública se produce por una serie de razones, como son la importancia de la inversión y el gasto público en el deporte (a veces justificados y a veces menos), la organización de grandes eventos deportivos, como el Mundial de España de 1982 y los Juegos Olímpicos de Barcelona de 1992, la acción policial alrededor de los eventos, la popularidad que confiere para los políticos el fútbol y el deporte... La acción de los poderes públicos en el fútbol se ha centrado demasiado en las ayudas de Estado (por ejemplo, a los clubs de fútbol españoles), y en los privilegios fiscales (*ley Beckham*). La defensa de la competencia ha tenido efectos más benignos, porque se dirige a proteger al conjunto de los ciudadanos y no solo aunque también a los aficionados. Si partimos de una concepción del gobierno en la que su obligación es defender el interés general, y hacerlo de una forma cooperativa en un mundo cada vez más interconectado, los gobiernos deberían, respecto al fútbol, priorizar la lucha contra la corrupción y los otros aspectos que caracterizan lo que hemos denominado la cara oscura de este deporte: la violencia, el racismo, el tribalismo.

Las reformas que se emprendan deben partir de la experiencia de reformas exitosas. Por ejemplo, en el Reino Unido, el éxito de la Premier League ha ido acompañado de un programa exitoso en diversos frentes, públicos y privados, de lucha contra la violencia, que asoló al fútbol británico en el siglo XX. Esta reducción de la violencia se ha dado también en España, aunque de una forma menos intensa (porque el punto de partida no era tan extremo ni se ha erradicado por completo) y, en cambio, se ha dado menos en Italia, que tiene quizás la liga nacional que ha perdido más calidad en los últimos años. La reforma en Inglaterra se ha producido al coste de una creciente comercialización del fútbol, que ha dado lugar a numerosas protestas, pero que ha hecho posible la mejora de los estadios en términos de calidad de la infraestructura y a un cambio en la composición sociológica (*gentrification*) de los colectivos que acuden a los estadios. Otra reforma exitosa en Inglaterra, emulada también a una escala menor en España, es la que ha tenido que ver con la profesionalización y mejor monitorización de los árbitros, que ha dado lugar a una mejora en la actuación arbitral y a una menor contribución de los jueces al fenómeno de la ventaja del equipo de casa. Pero también ha habido reformas fracasadas. Por ejemplo, en la década de 1980 en España se reformó el modelo de propiedad de los clubs de fútbol, promoviendo con carácter casi universal (con la excepción de algunos grandes clubs históricos) el modelo de sociedad anónima deportiva. Sin embargo, no está nada claro que el nuevo modelo haya contribuido a reducir los problemas de endeudamiento y mal gobierno que han seguido proliferando tanto en las sociedades anónimas deportivas como en los clubs históricos. Es un error intentar homogeneizar la forma jurídica en cualquier sector en lugar de dejar libertad para que las organizaciones experimenten sobre distintas de ellas adaptándose cada una a entornos, dotaciones institucionales y trayectorias específicas.

Lecciones del pasado útiles también incluyen en el fútbol la existencia de instituciones que permiten compartir las ganancias de la globalización (como la obligación de las grandes estrellas de jugar en una sola selección nacional). Y más allá del deporte, son útiles, en general, la reducción sustancial de la corrupción que tuvo lugar en el siglo XX en países como Suecia y Estados Unidos y otras experiencias positivas recogidas, por ejemplo, en los trabajos del economista norteamericano Raymond Fisman. Estas experiencias tienen en común, sin embargo, su carácter evolutivo y el hecho de no estar identificadas con ningún plan prediseñado por agente alguno.

Un programa realista de reformas impulsado por varios frentes (responsables políticos, *think tanks*, periodistas, personas reformistas del mundo del deporte) debería incluir los siguientes aspectos:

- Siguiendo una recomendación de Transparencia Internacional, crear una agencia global anticorrupción independiente en el deporte siguiendo el modelo de la Agencia Mundial Antidopaje o del Tribunal de Arbitraje Deportivo, en la línea de grandes agencias especializadas formadas por expertos con unos altos estándares de calidad institucional (como se señala en el libro de Josep M. Colomer, *El gobierno mundial de los expertos*). Sería la ampliación a la escala global de la propuesta de "reguladores independientes" del fútbol a escala nacional del economista italiano Tito Boeri. La suya se asocia a sugerencias de compromiso regulatorio para evitar la tentación del *too popular to fail*. Sin embargo, este tipo de propuestas *tecnocráticas* tienen sus desventajas. Otros economistas del deporte como Andrew Zimbalist, son más partidarios de respuestas a la corrupción y la ineficiencia basadas en los movimientos de base, como los que frenaron la Olimpiada de Boston por su elevado coste o los que se alzaron sin impedirla contra la Olimpiada de Río. Los expertos no pueden actuar aislados de la opinión pública.

- Impulsar la representación de los aficionados en los organismos de gobierno del fútbol, incluida la FIFA, pero compensada con una regulación pública, ya que los intereses de la ciudadanía en general pueden no coincidir con los de los aficionados (por ejemplo, en cuestiones de ayudas de Estado o privilegios fiscales). Además, los aficionados más activistas no tienen por qué ser exactamente representativos de los intereses de los aficionados en general. La comercialización global erosiona la capacidad organizativa de los aficionados, pero es importante que tanto los aficionados de los clubs modestos como de los clubs grandes, así como los de las potencias emergentes, tengan mecanismos de representación. Sería un paso en la dirección correcta un carnet del buen aficionado reconocido internacionalmente (utilizando los conceptos de Hirschman, la "voz" es más factible y creíble que la "salida" en el fútbol). La gestión de este carnet permitiría ir evaluando la posibilidad de trabajar con un censo global de aficionados.

- Se trata de hacer compatible la representación de los aficionados en la FIFA con la introducción de mayor transparencia en la gestión de intereses comerciales, sin necesidad de que la FIFA cotice en Bolsa. Sin embargo, una parte minoritaria de la propiedad de la FIFA podría estar en manos de empresas cotizadas, como ocurre con los clubs de fútbol alemanes, donde el poder político último reside en los aficionados, pero las empresas privadas tienen un rol importante como inversores.

- Grandes jurisdicciones como Estados Unidos y la Unión Europea deben introducir planes anticorrupción que sancionen a las empresas multinacionales que patrocinen organizaciones deportivas (como la FIFA actual) que no cumplan con unos mínimos requisitos de transparencia y buen gobierno, siguiendo el modelo de las acciones emprendidas por el Congreso de Estados Unidos tras el escándalo de Salt Lake City. El acuerdo informal de 2001 de la FIFA y la Comisión Europea sobre primas de formación y ventanas de fichajes ilustra la capacidad de las grandes jurisdicciones (más allá del rol sensibilizador del Consejo de Europa y las Naciones Unidas) de influir en estos organismos, mientras que las pequeñas jurisdicciones continuamente son víctimas del poder clientelar y chantajista de la FIFA. El poder beneficioso de una gran jurisdicción quedó ilustrado con la investigación del FBI que dio lugar a la detención de numerosos directivos y, finalmente, a la dimisión de Sepp Blatter. Teniendo en cuenta que la investigación se desarrolló durante la Administración de Obama y bajo la dirección del FBI bajo James Comey, cesado por el presidente Donald Trump, cabe preguntarse por la continuidad que tendrán estos esfuerzos bajo nuevos dirigentes.

- Establecer mecanismos distributivos más transparentes y menos corruptos para garantizar el respeto a los intereses de los pequeños clubs y las pequeñas federaciones. El rol de las grandes fortunas de países no democráticos o emergentes y de los paraísos fiscales en el mundo del fútbol y su impacto en los grandes clubs europeos obliga a no perder de vista un fino equilibrio entre las cuestiones de justicia distributiva y la promoción de la competitividad y calidad de la competición, que se benefician de las inversiones desde el exterior del mundo del fútbol. Más que prohibir, hay que redistribuir. En este sentido, las reformas que hay que emprender no serán ajenas a las grandes propuestas que realizan economistas como Thomas Piketty y Gabriel Zucman en el sentido de reformar las instituciones de gobierno económico internacional para combatir con más energía el fraude fiscal y la concentración creciente de la riqueza, que se organizan fundamentalmente a nivel internacional.

- Con una FIFA renovada y mejor regulada, mejorar los clubs y las ligas con una mayor y eficaz supervisión pública será factible. De nada sirve regular en un solo país, si la federación de ese país puede amenazar con acciones de la FIFA. Mediante acuerdos globales liderados por una UE hablando con una sola voz, será posible introducir mecanismos de supervisión como los que han caracterizado la regulación bancaria (y, por consiguiente, sujetos a imperfecciones) desde que se adquirió conciencia de que la banca era *too big toofail* (demasiado grande para fracasar).

- El rol de las empresas propietarias de derechos de futbolistas (como la brasileña Traffic), es decir, la propiedad de futbolistas por parte de terceras partes, también debe ser regulado para evitar la vulneración de derechos de los futbolistas y la acumulación de poder por parte de agencias que pueden ser vehículos para la introducción de prácticas corruptas. La situación actual de prohibición de la TPO probablemente sea algo extremo, que no impide que formas de propiedad de terceras partes se desarrollen de forma opaca. Además, la prohibición del TPO está siendo desafiada judicialmente por el mismo abogado que impulsó el procedimiento judicial que dio lugar a la *sentencia Bosman,* bajo el argumento de que supone una restricción excesiva a la competencia, incompatible con el mercado único y los principios de libre competencia de la Unión Europea.

- En definitiva, se trata de mejorar la eficiencia y a la vez la equidad en el fútbol, con una mayor europeización de las estructuras y de la intervención pública en el fútbol. El descenso de los beneficios de una mayor eficiencia de arriba a abajo (*trickle down*) no es automático y sus mecanismos no deben ser controlados por la discrecionalidad de los dirigentes federativos. Al mismo tiempo, una política industrial de campeones nacionales acaba perjudicando a los contribuyentes y a largo plazo impide el desarrollo de un fútbol más integrado y de mayor calidad.

5.5. Comentarios finales: hacer posible el fútbol soñado en un mundo mejor

¿Cómo sería el fútbol soñado? Una opción sería refugiarse en un club impoluto y antisistema como el alemán Sankt Pauli (véase *St. Pauli, otro fútbol es posible,* de Natxo Parra y Carles Viñas), cuya existencia tiene sin duda mucho mérito, pero eso no hace nada, más allá de una lucha local meritoria y bienintencionada, por alterar las grandes tendencias del fútbol moderno.

El fútbol reformado que soñamos tendría muchas cosas del fútbol de hoy, que es mucho mejor que cuando los de mi generación éramos niños. Pero tendría menos corrupción, violencia, racismo y tribalismo. Y contribuiría menos a las crecientes desigualdades de renta y riqueza organizadas a nivel internacional.

¿Quién impulsará la reforma? Es difícil imaginarla sin una Europa que recupere impulso reformista y un papel fuerte en la escena global, e idealmente una Administración comprometida contra la corrupción en Estados Unidos, en colaboración con las organizaciones y activistas que luchan contra la corrupción en los países en desarrollo o emergentes.

El problema es el mundo, no el fútbol, pero en el mundo hay esperanza. No se puede reformar el fútbol sin reformar el mundo. Pero el mundo se puede reformar. Que con ello se reformará también el fútbol no es la razón más importante para hacerlo, pero es una buena razón.

El fútbol se ha convertido en un fenómeno global, por lo que su reforma también debe ser a escala global, pero evitando los errores fatales de un *big bang* y reconociendo las ventajas de la experimentación local.

Reformar la FIFA implica tomar en consideración lo que se denomina el trilema de Rodrik: la imposibilidad de compatibilizar el Estado-nación, la integración económica profunda y la democracia. La solución es un control (ligero) democrático global. Los gobiernos que han modificado su política deportiva o su legislación para contentar a la FIFA son un ejemplo de las dificultades de la democracia nacional para sobrevivir a la globalización. La respuesta es eliminar la globalización (la FIFA, el Mundial) o elevar la democracia al nivel global. Y a muchos aficionados nos gustaría seguir disfrutando del Mundial y del fútbol globalizado. Si el poder se mueve a escala mundial, los instrumentos para su control también deben desarrollarse a esa escala. En el fútbol moderno, no hay que perder su combinación de unificación y diversidad de competiciones y clubs, que permite compaginar cooperación y competencia.

Como todos los programas anticorrupción, no será fácil erradicar el fraude y el robo en el fútbol y otros aspectos de su lado oscuro. Pero vale la pena intentarlo. Hay que aprovechar el impulso de las investigaciones y acciones judiciales iniciadas por las autoridades de Estados Unidos y Suiza para lanzar una campaña decisiva por la limpieza y reforma del fútbol globalizado.

Hay que desarrollar un esfuerzo global, coordinado y cultural, dada la responsabilidad del fútbol en la transmisión a las nuevas generaciones de valores y normas sociales. El apoyo al deporte femenino y la erradicación del machismo y la homofobia deben ser parte de la reforma. Algunos van tan lejos como el juez brasileño Fausto Martin de Sanctis ('Corruption in the Sports Industry', en *The Handbook of Business and Corruption. Cross-Sectoral Experiences*, cap. 17): "Sports and its organization, especially in the Olympic Games and FIFA World Cups, have been taken over by organized crime", es decir, el deporte y su organización han sido adquiridos por el crimen organizado, según este jurista.

Con el *moral hazard* y el *too big* o *too important to fail*, no parece haber otra solución más creíble que, como se ha hecho con el tiempo con los sistemas bancarios de forma imperfecta, aumentar la supervisión pública de aquellas entidades que se consideran demasiado importantes para dejar caer. El Joventut de Badalona en baloncesto (una de las mayores canteras baloncestísticas de España) es un caso paradigmático, en el que desde la extrema derecha a la extrema izquierda (que ha dicho que lo hacía de una forma totalmente distinta) pasando por la socialdemocracia han terminado poniendo dinero público, sin frenar hasta ahora la crisis del club. Todos ellos han podido decir, no sin parte de razón, que existe un poderoso argumento para el apoyo público a la entidad, que es el arraigo entre la juventud y el rol que tiene la entidad en la promoción del deporte popular. Esta promoción del deporte popular sería menos exitosa si no fuera acompañada por el arrastre de un club de elite en la cúspide, a cuyo primer equipo, y desde ahí a través del mercado de fichajes, hacia otros destinos, aspiran a llegar cientos de jóvenes.

En una sociedad democrática, ningún proceso de reforma puede ser factible y sostenible sin una narrativa que lo acompañe. A los deportistas también hay que exigirles más en este sentido. Algunos deportistas profesionales abrazan causas justas, como Colin Kaepernick, el jugador de fútbol americano que sacrificó su carrera por defender a la ciudadanía de color de los abusos policiales. O como el futbolista español Juan Mata, que ha impulsado un movimiento de jugadores que donan parte de sus ganancias a causas solidarias. Otros abrazan selectivamente otras causas, con todo derecho. A veces algunos expresan públicamente su sorpresa por tener que pagar impuestos elevados, lo que podría entenderse como una actitud comprensiva hacia algunos de sus colegas que han sido declarados culpables de fraude fiscal por elevadas cantidades o son investigados por ello. El gran ciclista español Alejandro Valverde, *Bala*, declaró hace poco que le parecía una barbaridad tener que compartir a medias con Hacienda las ganancias de su carrera. Sin embargo, más del 50% del PIB es lo que cuesta el gasto público en algunos de los países más civilizados del planeta, como Francia (por cuyas carreteras públicas el Tour hace famosos a nuestros ciclistas) y los países escandinavos. Otros no llegamos a esos niveles de civilización, pero no estaría nada mal si nos acercáramos un poco más. Gracias a que hemos querido acercarnos, grandes deportistas como Alejandro Valverde han podido disfrutar de bienes y servicios públicos que han servido para mejorar la sanidad que cuida a toda la población, incluidos los deportistas, y las carreteras por donde circulan nuestros vehículos y nuestros ciclistas, y hemos podido financiar apoyos al deporte en España en las últimas décadas (incluyendo las fuerzas de seguridad que se emplean en todo tipo de eventos deportivos), en cantidades muy importantes especialmente desde los Juegos Olímpicos de Barcelona en 1992. Una elevada inversión pública debe servir para financiar la investigación científica, incluida la que sirve para combatir el dopaje de la minoría de deportistas que no quiere respetar las reglas. Eso hay que pagarlo con impuestos, que, además, deben financiar políticas redistributivas para que quienes han salido menos dotados para el deporte de élite o para otras actividades bien remuneradas puedan tener derecho a una vida digna, empezando por una educación de calidad. Compartir los ingresos con Hacienda, Bala, no es una barbaridad, es un signo de civilización.

Para saber más:

http://www.playthegame.org/

https://www.transparency.org/news/feature/sport_integrity

Simon Kuper y Stefan Szymanski (2018). *Soccernomics World Cup Edition,* Nation Books (traducido al castellano por Empresa Activa como *El fútbol es así*).

Ignacio Palacios-Huerta (2016). *Beautiful Game Theory. How Soccer Can Help Economics,* Princeton University Press.

David Sumpter (2016). *Soccermatics. Mathematical Adventures in the Beautiful Game,* Bloomsbury (traducido al castellano por Ariel como *Fútbol y matemáticas: aventuras matemáticas del deporte rey*).

Stefan Szymanski (2015). *Money and Football. A Soccernomics Guide,* Nation Books.

Mecenas

504sebas, Jorge Abarca Viñas, Emilio Abejón Huecas, Admarc, Paloma Águila Carmona, Manuel Aguilar Hendrickson, Sonia Aguilar Mir, Caterina Alsina, Eva Aneiros Vivas, Anistoteles, Juan Ares Gondell, Ferrán Armada Ramírez, José Andrés Arribas, Álex Arrieta Vázquez, Javier Asensio, Asitges, Rafael Barba, Rubén Barriga del Río, Domènec Benet, Teresa Bofill, Montse Bonet, José Manuel Braña Álvarez, Jordi Brandts, Luis Buendía García, Burguet, Joan Busquet, Josep Busquets Urpí, Pedro Cabrera, Julia Caldano, Joan Cals Güell, Albert Cañigueral, Bartolomé Carbonell Montejano, H. Carrasco Font, Alberto Carrio Sampedro, Elena Casanovas, Tomás Casao Benedí, Pau Castells, Cateban, Caye, Jean-Philippe Charles, Frederic Chassot, Montserrat Colldeforns, Daniel Criach, Marcos De Castro Sanz, Diego De Celis García, Antoni-Italo De Moragas, Serafí Del Arco, Urko Del Campo, DGM, Luis Díaz Allegue, Jesús Díaz Chaparro, Humberto Díaz Fernández, Àngel Domènech, Jesús Doñoro Tostado, Edu, Juanen Elúa Suárez, Josep Emili, Emilo445, ErLeFe, Eskerrikasko, Francesc Esteva, Gabriel Facchini, Blai Felip Palau, Ricardo Fernández Aguilà, Ibán Fernández Ib Abogados , Ricard Fernández Ontiveros, Francisco Fernández Palomares, Ana Fernández Viso, Ferrán, Emili Ferrer Inglés, Ángel Font Martinez, Álvaro Foresti, Felipe FS, Soledad Gallego-Díaz, Esther García, Enrique García García, Héctor García Morago, Diego García Palomero, Emilio García Prieto, Esteve Garriga, Juan Ángel Garzón Delgado, José Luis Gestal Golpe, Vicente Giménez Vicente, Jaume Girona, Angel Gómez, Roberto González, Nacho González Arnal, Ignacio González García, Raúl González Sanz, Antoni Gutiérrez-Rubí, Hecafo, Jacinto

Hernández López, Alfredo Hernando, David Hidalgo Noguero, Hernán Hormazábal Malarée, Emilio Ibáñez Gómez , Ana Iglesias, Salvador Illa Roca, Ángela Jane, Sara Jaurrieta, JJNORAORTIZ, JoseM.Fajo, Kapuse, Ignacio Lacalle Iglesias, Alejandro Larrañaga Álvarez, Guillermo Latour Alcantud, Fran Leal, Cándida Leal Pardo, Emma Lees, Legna193, Estela Llabina, Enric Lloveras, Miguel López, Pedro López Cuesta, Luís Fernando López Martínez, Eduardo Loren García, Antonio Lorente Marín, Marta Luengo, Jerónimo M.M., Xonio Maleno, Manele, Quico Mañero, Francisco José Manzano, Isabel Manzano Barrado, Francisco Maried Larriba, Ferrán Marín, Marcos Marina, Marioguerola, David Martín Carnicero, Jesús Martín Sánchez, Cristina Martín Valbuena, Domènec Martínez García, Sergi Martínez-Soler, Manuel Mas Estela, Mercè Mas Framis, Antonio Massieu, Salvador Matas Borrut, Gustavo Matías, Carmen Mestre Vergara, Umberto Mínguez Tarrero, Miquel Miró Barrachina, Ricardo Molero Simarro, José María Molina Becerra, Oscar Montes, Rosa Mora, Miguel Mora, Álvaro Moya, Mportase, MYP, Jaume Nadal Bestard, Xavier Navarro, Jorge Navas Alejo, Pablo Ojea, Pere Orriols, Andrés Ortega, Jordi Ortiz, Francisco Ortiz Pinta, Enrique Pañeda Reinlein, Albert Parés Soldevila, Manuel Pascual Fuentes, Lluis Pascual Tercero, Jordi Perdiguero García, Antonio Pereira Nuñez, Josep Joaquim Planells Benedito, Marc Prat Sabartés, Aitor Puente, Román Puerta, Albert Puig Gómez, Esteban Pulido Muñoz, Belén R. Soto, Enrique Raya, Paco Reviriego, Javier Rico Lombardo, José Antonio Rivera Cobo, Ramón Robert, María Robledo Nuñez, Delfí Roca Roche, Víctor Manuel Rodríguez-Izquierdo Cantarero, Xavier Roig, Rodrigo Romero Jiménez, J.Ángel Rosado Hernández, Albert Roura Planas, Jesús Joan Ruiz García, Quim Ruiz Querol, Héctor Sala Lorda, Marc Samper Seró, Antonio Sanabria Martín, José Luis Sánchez de Luis, Ferrán Sancho, Alicia Santiago, Antonio Santos Romero, Santquirze, SergioV, Llorenç Serrano,

Al. Shallcrass, Joan F. Simonet Pons, Albert Solé Bruset, Vicent Soriano, Miguel K. Stobbs Serrano, Patricia Suárez (Wonder Woman), Antonio Suárez-Bustamante, Joan Subirats, Jaume Tarragó Piñol, Roc Torrell i Blanquer, Xosé María Torres, Miquel Trepat, Oriol Trillas, María Trillas Jané, Beatriz Trillas Silva, Xalbador Unzueta Mitxelena, Carlos Urtasun, Paloma Vázquez Vizoso, Pedro Vega Quintana, Albert Vendrell, Víctor, José Manuel Villegas Martín, Xuan Xixón, YulianaVK